성공한 명강사를 꿈꾸는 이들을 위한 14가지 특강
유머스피치 강의법

유머스피치 강의법

초판1쇄 2018년 8월 10일

지은이_ 나상길
펴낸이_ 채주희
펴낸곳_ 해피앤북스
　　　　서울특별시 마포구 신수동 448-6
　　　　TEL : 02-323-4060, 02-6401-7004
　　　　FAX : 02-323-6416
　　　　E-mail : elman1985@hanmail.net
　　　　www.elman.kr

출판등록 제 10호-1562(1985.10.29.)

값 13,800원

ISBN 978-89-5515-636-2(13810)

저자의 허락 없이 복사나 전재를 금합니다.
잘못된 책은 바꿔드립니다.

성공한 명강사를 꿈꾸는 이들을 위한 14가지 특강

유머스피치 강의법

나상길 지음

해피앤북스

서 문

유머스피치 강의법을 쓰면서

내가 어렸을 때는 발표능력이 없어서 남들 앞에 서거나 남들에게 말을 제대로 해본 경험이 거의 없었다. 청소년기가 되면서 교회를 나가기 시작했고 거기에서 아무것도 모르면서 시키는 대로 남들 앞에 더러 서게 되었다.

가끔 한 번씩 남들 앞에 서면서 차츰 자신감이 생기기 시작하였다. 나이 오십이 넘어서면서 생각이 바뀌어 보람된 봉사활동을 하자는 생각이 들었고 금연교육을 할 수 있는 금연강사 자격을 취득하였다.

생각보다 금연교육 요청이 많이 들어와 사업도 하랴 교육도 하랴 바쁜 일정을 소화하며 강의를 많이 했다. 그러나 재미있게 강의를 해야 청취 호감도가 높아지는데 금연교육이 재미있을 리가 없었다. 그래서 2002년도에는 웃음치료를 배우고 이것을 금연강의에 접목하면서 교육장에서 웃음소리가 나오기 시작했고 재미있는 강사로 한 걸음 나아가게 되었다.

남들 앞에 서서 말한다는 것은 참으로 부담스러운 일이다. 더구나 재미있게 강의를 한다는 것은 더더욱 어려운 일이다. 강사가 아니더라도 갑자기 남들 앞에서 자기소개를 한다든지 인사말을 해야 하는 경우가 우리의 주변에는 많이 있는데 방법을 몰라서 실수하고 망신당하는 경우가 흔하다.

그래서 필자는 재미있고 쉽게 말하는 법을 알리기 위해 이 책을 쓰게 되었다. 대화하는 법, 유머 만드는 법, CEO들의 유머리더십, 축사하는 법, 무대 공포를 이기는 법, 회의법 등 다양하게 사용할 수 있는 유머스피치 강의법을 출간하게 되었다.

이 책을 통하여 많은 사람들이 남들 앞에서 두려움 없이 재미있게 말하고 강의하는 방법을 터득하여 갈고 닦은 실력으로 자신 있게 남들 앞에 설 수 있는 날이 속히 다가오길 기대한다.

2018년 7월 25일

목 차

서 문 … 4

제1강 대화의 능력 … 11
1. 대화와 강의의 법칙

제2강 5가지 강의 법칙 … 29
1. 목표를 설정하라
2. 프레젠테이션의 5가지 유형
3. 청중을 파악하라
4. 원고는 구어체로 쓰라
5. 프레젠테이션을 실제로 해보라
 – 보디랭귀지를 활용하라
 – 호감 가는 표정 만들기
 – 명강사가 되는 단계

제3강 좋은 목소리 만들기 … 45
1. 효과적인 목소리 만들기
2. 자기 목소리 찾는 법
3. 좋은 목소리를 위한 기본기 닦기
4. 복식호흡 하기
5. 공명음 만들기
6. 불안한 목소리 개선하기
7. 입술 훈련
8. 호흡조절 훈련

제4강 에피소드로 승부하라 … 57
  1. 명강사의 목표란?
  2. 스피치의 자기평가 체크리스트
  3. 콘텐츠란?

제5강 에피소드로 청중을 휘어잡자 … 67
  1. 청중을 알고 그들을 분석하라
  2. 청중의 성향 분석표
  3. 이야기 도중 에피소드를 찾으라
  4. 에피소드를 요리하라
  5. 강약을 조절하라
  6. 스피치에 리듬을 살려라
  7. 템포를 조절하라
  8. 어울리는 스피치 제목을 정하라

제6강 CEO를 위한 유머리더십 … 83
  1. 리더가 되려면 유머리스트가 되라
  2. 성공한 리더의 자질
  3. 공격과 칭송의 송별사
  4. 인사말 모음
  5. 멋진 주례사 모음

제7강 파워 스피치 … 109
  1. 파워 스피치
  2. 한 노인의 성공신화
  3. 스피치를 잘 하려면
  4. 발성 연습하기
  5. 말을 많이 하는 것과 잘 하는 것
  6. 간접화법과 직접화법

목 차

제8강 유머강의법 1 … 123
1. 유머의 중요성
2. 유머와 농담의 차이
3. 유머는 성공을 만든다
4. 유머경영은 성공의 지름길
5. 유머에 웃어주는 매너를 갖자
6. 잘못된 유머는 독이 된다
7. 유머 속에는 따뜻한 정이 있어야 한다

제9강 유머강의법 2 … 141
1. 유머활용의 중요성
2. 유머를 잘 선택하자
3. 반복기법을 사용하라
4. 과장된 표현과 행동을 보여라
5. 유머는 배우면 된다
6. 자신의 삶에서 찾아라
7. 100% 청중을 장악하라

제10강 무대공포와 사투리 극복하기 … 163
1. 무대공포를 줄이는 10가지 방법
2. 무대공포의 원인
3. 무대공포와 발표불안 극복법
4. 무대공포를 극복하기 위한 준비
5. 말이 씨가 되도록 만들자
6. 자신감을 기르는 방법
7. 사투리 교정하는 방법
8. 입모양으로 사투리 바꾸기
9. 아나운서의 말 따라 하기

제11강 무대매너와 의복 … 183
1. 매너와 에티켓의 차이
2. 사회에서의 친절과 매너
3. 친절의 정의
4. 예절에 관한 명언
5. 고객에게 하는 인사법
6. 인사의 종류

제12강 비주얼 스피치 … 193
1. 강력한 도구 제스처
2. 표정과 시선
3. 손은 제2의 목소리

제13강 상황별 스피치 … 205
1. 자기소개 하기
2. 입사 면접 시 많이 나오는 질문
3. 즉석 스피치
4. 공적 행사에서의 축사
5. 멋진 건배사

제14강 각종 회의 진행요령 … 219
1. 회의 진행요령
2. 각종 단체의 선거요령
3. 회의 진행 사례

1강
대화의 능력

성공한 명강사를 꿈꾸는 비결

1강 대화의 능력

○ 우리가 살아가고 있는 현 시대에서의 사람과 사람 사이의 대화는 너무나도 중요한 부분을 차지하고 있는 것이 현실이다.
가정에서의 가족 간의 대화, 직장에서의 동료와 상사와의 대화, 사회에서의 시시각각 마주치는 사람들과의 대화에서 문제를 일으키는 경우가 종종 발생한다.

○ 대화의 기술이 없이 소통이 제대로 이루어지지 않아 국가 간에 전쟁까지도 발생할 수가 있는 것이다.
보이지 않는 대화의 장벽 때문에 많은 문제를 야기 시키기도 한다. 이로 인하여 대화의 중요성이 나날이 높아지고 있다.

○ 직장 내에서도 대화의 기술은 매우 중요하다. 많은 직장인들이 자신이 일한 만큼 상사의 인정을 못 받는다고 불평할 수가 있다. 이 역시 대화의 기술 없이 소통의 부재로 자신의 성과와 능력이 상사에게 잘 알려지지 않아서 생기는 일이다.

○ 영어도 아닌 우리말인데 왜 스피치가 어려울까?
  〈스피치킹 회원 100명의 설문조사〉
  - 51% 스피치교육자체를 받아본 적이 없어서
  - 30% 우리말인데 배울 필요가 있나?
  - 14.5% 실기가 아닌 이론위주로 배우기 때문에
  - 4.5% 기타

○ 비슷한 환경임에도 같은 시간 동안 일을 하여 같은 성과를 거두었는데도 어떤 사람은 나보다 훨씬 더 많은 연봉을 받고 칭찬을 받는데 그 이유는 바로 대화의 기술 때문이다. 그러면 올바르고 성공적인 소통을 위해서 무엇이 필요한가?

○ 말에 대한 성경의 교훈
- 의인의 혀는 천은과 같거니와 악인의 마음은 가치가 적으니라 (잠언 10 : 20)
- 네 입의 말로 네가 얽혔으며 네 입의 말로 인하여 잡혔느니라. (잠언 6 : 2)

○ 대화와 강의는 크게 다르지 않다.
- 대화는 몇 사람이 앉아서 부담 없이 하는 이야기이다.
- 강의는 많은 청중 앞에서 일어서서 하는 말이기 때문에 어려움을 느낀다.
- 앉아서는 이야기를 잘 하던 사람이 일어서서 몇 사람 앞에서 하게 되면 앞이 캄캄하며 사지가 뒤틀리고 어려움을 느낀다.

1. 대화와 강의의 법칙

- 일상적인 대화에서도 상대방이 무엇인가를 감추고, 내 이야기는 듣는지 마는지 자기말만 한다고 생각한다.

  그러나 상대방이 왜 자신의 이야기를 들으려고 하지 않는지, 자기는 상대방의 이야기에 귀를 기울였는지에 대해 한 번만 생각해 본다면 상황은 달라질 것이다.

- 자신을 뒤돌아봄으로써, 상대방을 이해하게 되고, 그 마음이 상대에게 전해져서 상대방 또한 나를 이해하게 되는 것이다.

  이렇게 성공적인 대화를 위해서는 자신을 돌아보고, 변화시키는 것이 우선적으로 이루어져야 한다.

  이것이 대화의 기술을 훈련하는 첫 번째 과제가 된다.

○ 대화와 강의는 크게 다르지 않다.

- 대화는 몇 사람이 앉아 이야기를 주고받는 이야기 거리다.

  장소나 대상에 구애받지 않고 편하게 대화할 수 있는 스피치, 에피소드, 유머 등이 있다.

- 강의는 각계각층의 여러 사람 앞에서 일어서서 하는 내용으로 듣는 청중으로 하여금 공감대를 형성하여 듣는 이로 하여금 감동받도록 하고 자신이 연사가 되었다면 무엇보다 청중 앞에 서

기 전에 자신이 말하고자 하는 것을 정확히 파악하고 확인하고 준비해야 한다.

• 앉아서는 잘 떠들고 이야기를 잘 하던 사람이 일어서서 하면 앞이 캄캄해지고 사지가 후들거려서 원고도 보이지 않아 강의를 망치는 경우가 종종 있다.

○ 상대에게 보여주는 비언어적 긍정적 메시지
    1. 미소 짓는다.
    2. 상대와 눈을 자주 마주친다.
    3. 터치를 자주한다.
    4. 고개를 끄덕이며 반응한다.
    5. 가까이 앉아 상대 쪽으로 고개를 돌린다.

○ 상대에게 보여주는 비언어적 부정적 메시지
    1. 눈을 잘 마주치지 않는다.
    2. 찡그린 표정을 짓는다.
    3. 대꾸를 하지 않는다.
    4. 멀리 떨어진다.
    5. 휴대전화를 자꾸 본다.
       - 사람에 따라 각각 체형과 근육과 포즈가 다르기 때문에 거울을 보고 연습해 보는 것이 좋다.

○ 1, 2, 3, 대화의 법칙

1. 1분 동안 말하고 (말은 짧게 하라. 장황하게 말하면 듣지 않는다.)
2. 2분 동안 듣고 (듣기를 더하라. 상대방에 대한 배려이다.)
3. 3분에 3번 정도 맞장구를 쳐라.(고개를 끄덕이든지, 말로 대답을 하든지, 반응을 자주 보이면 상대방에게 호감을 얻는다.)
   - 입은 하나이고 귀는 둘이다. 그 이유는 내 말은 적게 하고 남의 말은 잘 듣기 위해서 라고 한다.

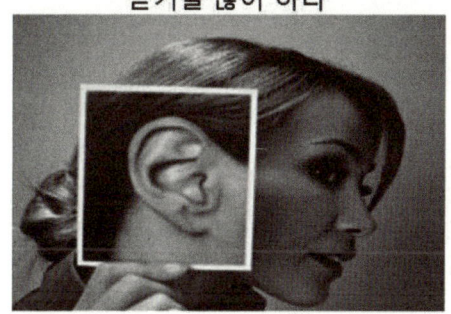

○ 호감 받는 대화원칙

1. 눈 빛: 자애로운 눈빛으로 상대방을 바라보라, 상대에게 자기 말을 들으려는 의지가 있음을 보여주는 것이다.
2. 표 정: 온화하고 따뜻한 표정으로 미소를 지어라. 미소는 돈이 들지 않는 최고의 화장품이다.
3. 제스처: 상대방의 말에 대한 대답으로 알맞은 말과 손짓, 몸짓으로 호감을 사라.

- 상대와 대화할 때 마음을 움직이는 요소들
    - 시각적인 요소가 55%
    - 청각적인 요소가 38%
    - 언어적인 요소가 7%다, 상대방에게 보이는 시각적 효과가 가장 큰 것으로 나타났다.
- 악수: 너무 가볍거나 너무 세게 쥐지 말도록 한다.
- 포옹: 상대방을 잘 선별하여 하라. 잘 표현된 터치는 상대방으로 하여금 신뢰를 얻게 한다.

○ 말은 그 사람의 성격을 말한다.

- 내향적 성향인 사람

    깊이 생각하여 말하므로 별다른 실수가 없다. 그러나 말을 잘 못하고 머뭇거리게 된다. 이런 사람은 말의 양을 적극적으로 늘려야 한다.

- 외향적 성향인 사람

    깊은 생각 없이 말을 불쑥불쑥 하다 보니 실수가 많다. 눈도 두 개, 귀도 두개지만 입은 하나라는 사실을 기억하고 차분히 생각하고 말하는 습관을 길러야 한다.

○ 대화는 상대방의 수준에 맞게 해야 한다.

- "지난번에 외국에서 바이어가 왔는데 미팅 때문에 20분 늦었더니 약속을 캔슬시키고 제주도 투어를 떠났다는 거예요. 그러다 보니 스케줄이 엉망이 되었고 비즈니스도 엉망이 돼 버렸지요. 아무리 자기들이 오더를 주는 입장이라도 매너가 영 아니더군요. 새로운 마케팅라인을 찾던지 현지 PR회사를 찾던지 해야 되겠어요."

- 웬만한 직장인이라면 이 정도 기본영어 단어는 이해하겠지만 평소 영어와는 거리가 먼 사람이나 저학력인 사람이라면 듣는 자체가 짜증스러워질 수 있다.

○ 설득의 기법
1. 상대에게 이득을 상기시켜라.
2. 상대에게 자존심을 세워 주어라.
3. 자신의 의견을 들으므로 생기는 이익을 자세히 설명해 주어라.
4. 갈증과 소외감을 느끼게 하라.

- 스피치란 내가 갖고 있는 콘텐츠를 제대로 표현해서 다른 사람을 설득하는 작업이다. 따라서 스피치를 잘 하기 위해서는 다

음의 사항을 유념해야 한다.
- 자신의 경험이 풍부할 것.
- 경험을 사람들과 이야기로 공유할 것.
- 상대방이 이해할 수 있도록 이야기를 구성할 것.

○ **대화의 6가지 기술**

- 스피치는 발표만 잘하는 것이 아니라 대화를 잘하는 대화의 기술도 포함된다. 상대방에게 호감을 주는 대화의 기술 몇 가지만 터득하고 실천하면 그렇게 어렵지 않다.

1. 상대방에게 대화를 양보하라.
    - 말을 많이 하는 사람은 어디서든 인기가 없다. 상대방도 말이 하고 싶다는 것을 명심하고 내가 하는 말의 절반 이상을 상대에게 양보하라.

2. 대화 시작 초반에 모든 역량을 집중하라.
    - 첫 인상을 결정하는 중요한 순간은 5초 이내에 결정된다고 한다. 1분 정도만 대화가 진행되어도 그 사람의 인격과 인상이 길게 남게 되므로 대화 시작 적어도 1분 동안은 상대에게 나의 이미지를 확실하게 보여주기 위해서 밝은 미소와 온화한 태도가 중요하다.

3. 상대방의 이야기를 열심히 들어라.
   - 설득을 잘 하는 사람은 상대방의 말을 잘 들어주는 사람이다. 이야기를 들을 때 건성으로 듣지 말고 눈을 마주치고 진심으로 들어주라. 경청의 중요성을 잊으면 안 된다.

4. 상대방의 이야기에 맞장구를 치라.
   - 상대방이 이야기할 때 시선을 피하면 안 된다. 눈을 자주 마주치고 고개를 끄덕이며 공감을 표시하라. 상대방의 입장에서 생각하면 마음이 바뀌고 생각을 바꾸게 한다.

5. 말하는 속도를 늦추어라.
   - 말하는 속도가 늦으면 상대에게 신뢰감을 준다. 우리가 책을 읽는 속도를 늦추거나 컴퓨터 자판을 천천히 두드릴 때 상대방이 익숙하게 잘 받아들인다고 한다. 본인의 말의 속도를 상대에게 맞추는 것이 대화의 기술이다.

6. 상대방을 가르치려 하지 말라.
   - 상대를 무시하거나 얕잡아 보는 행동은 금물이다. 어려운 용어의 남발도 자제해야 한다. 상대는 가르치려는 대상이 아님을 명심하고 상대를 이해시키지 못하는 책임은 나에게 있다는 점을 명심해야 한다.

○ 잠시 웃어보자.

낮에 돈도 잘 벌고 밤에도 센 남자----금상첨화

낮에 돈은 잘 버는데 밤에는 약하면----유명무실

낮에 돈도 못 벌고 밤에는 센 남자----천만다행

낮에 돈도 못 벌고 밤에도 약하다-----설상가상

○ 칭찬은 고래도 춤추게 한다.

- 칭찬은 어른이나 어린이 등 누구나 좋아한다.
  배운 사람이나 무식한 사람이나 누구나 좋아한다.
  그러나 가식된 칭찬, 과장된 칭찬은 하지 않는 것이 좋다.아이들이 가식인줄 너무 잘 알기 때문에 역효과를 초래할 수 있다.

• 人間(인간) 사람과 사람 사이 인간이란 말은 사람이란 말이 아니다.
  - 사람과 사람 사이의 관계 속에 사는 것이 인간이다.
    혼자 살면 어렵다. 인간 속에 살아야 한다.
  - 내가 죽었을 때 날 위해 울어줄 사람이 몇 명일까?
    손 내밀어 주기를 바라지 말고 내가 먼저 내밀자.
  - 올바른 인간관계의 성립은 성공적인 사회생활을 약속한다.
    (카네기)

○ **판매왕 조 지라드의 영업원칙**

1. 신의로 무장하고 고객의 비밀을 끝까지 지켜라.
   사소한 비밀이라도 입을 닫고 끝까지 비밀을 지켜준다.
2. 고객에게 매달리지 말라.
   이것이 안 되면 안 된다, 최근 형편이 어렵다. 이런 소리는 능력 없는 자신을 광고하는 것이다.
3. 고객에게 배신감을 느끼게 하지 말라.
   자신의 수당에 급급하여 수당이 많은 상품을 억지로 권하면 당장은 이익이 와도 장기적으로는 고객에게 배신감을 느끼게 한다.
4. 대접할 때는 지속적으로 하라.
   필요할 때만 하고 끝나면 모른 체 하는 일회용 접대는 하지 말라.

5. 성을 상품화하지 말라.

　여성사원들은 반드시 자신의 성을 지켜야 한다는 신념과 자신감을 갖자.

6. 3분 이야기하고 7분은 들어줘라.

　구구절절한 나의 이야기보다 상대방의 이야기를 들어주라. 자신감 있는 3분 스피치가 상대의 마음을 열어준다.

7. 기본적인 에티켓은 필수다.

　대화할 때, 핸드폰을 꺼놓는 일, 인사를 바르게 하는 예절은 기본이면서 가장 중요한 것이다.

8. 애프터서비스는 확실하게 챙긴다.

　당장의 계약도 중요하지만 영원한 고객을 만들기 위한 애프터서비스는 필수요소가 된다.

9. 고객의 돈은 기밀문서로 지킨다.

　고객의 돈을 먼저 자기의 용무로 사용하는 경우가 있다. 고객에 대한 믿음도 중요하지만 먼저 자신에 대한 믿음도 심어줘야 한다.

10. 고객을 위한 판촉물들은 고객의 손에 들려주라.

　고객을 주라고 만든 판촉물을 다른 용도로 사용하거나 사물함에 쌓아 두는 마케터가 있다. 많이 만나고 많이 나누어 줘야한다.

- 12년 연속 자동차 판매 왕이라는 조 지라드는 이렇게 말하고 있다.
  - 미소 속에는 마력의 힘이 있다.
  - 웃음의 위력을 알지 못하는 세일즈맨은 성공할 수 없다.
  - 내가 세일즈를 하면서 배운 첫 번째 교훈은 바로 미소다.
  - 자신이 필요해서 상담하는 사람조차도 세일즈맨에게는 우선 굳은 표정부터 보인다. 모나리자 미소처럼 힘들고 고통스러워도 참아야 한다.

> 웃음의 위력을 알지 못하는
> 세일즈맨은 결코 성공할 수 없다
> -조 지라드
>
> ※ 세계 최고의 세일즈맨
>   - 12년간 13,000대의 자동차 판매
> ※ 청원 경찰로 300억 원의 예금 수탁 고를 올린 한원태의 웃음성공

- 조 지라드는 세일즈를 하면서 제일 먼저 배운 것이 미소, 웃음이라고 한다. 세일즈는 물건을 파는 것이 아니라 자신을 파는 것이다, 그러면 어떻게 자신을 판매할 것인가?
  바로 웃음이다. 미소 띤 얼굴이 바로 자신을 파는 것이다.

- 그는 이렇게 말한다. "한 사람의 인간관계범위는 대략 250명 수준입니다. 나는 한 사람의 고객을 250명 보기와 같이 합니다, 한 사람의 고객을 감동시키면 250명의 고객을 추가로 불러올 수 있습니다.
반면에 한 사람의 신뢰를 잊으면 250명의 고객을 잃는 것입니다."

- 조 지라드는 35세까지 40여개의 직장을 전전 하면서 별 볼일 없는 사람이었다. 그러던 중 그는 250의 법칙을 깨닫고 고객 한 명에게 최선을 다한 결과 12년 동안에 13,001대의 자동차를 팔아서 기네스북에 오른 세계최고의 세일즈맨이 된 것이다.
그의 250의 법칙은 한 사람의 고객을 250명의 고객처럼 대하라는 것이다. 그만큼 한 사람이 중요한 것이다. 그는 인생으로 결과를 입증한 것이다.

○ **간결하게 말하자.**

- 말을 잘 하느냐와 못하느냐를 크게 나눌 때 그 기준은 상대가 내 말에 빨려 들어가게 할 수 있느냐 없느냐가 될 것이다.
상대가 내가 하는 말에 도취되어 빨려 들어서 흥미롭게 듣고 있다면 그건 말을 잘 한다고 볼 수 있다.

- 이렇게 상대가 내 말에 흡입되는 말을 하기 위해서는 간결하게 말하는 연습을 많이 하도록 해야 한다.

    1. 말을 질질 끌지 않도록 노력한다.
    2. 지금 내가 하고 있는 말이 잘라내어 줄여도 되는 말인지 생각하도록 한다.
    3. 책이나 아무 글이나 읽으면서 점점 더 자기만의 방식으로 말을 압축하고 내뱉는 것을 연습한다.

- 말을 질질 끌다보면 지루하게 되고 말에 집중력도 떨어진다. 아울러 상대방에게 실망감을 주고 결국 자신은 자신감을 잃게 된다.

○ **책을 많이 읽자.**
- 우리는 알고 있는 단어, 알고 있는 문장들을 조합하여 말을 한다. 즉 단어나 문장을 머릿속의 카드만큼 조합해서 지식을 말로 전달할 수 있는 것이다.

- 그렇다면 당연히 머릿속에 카드가 많으면 많을수록 자신이 말하고자 하는 것을 정확하게 표현하고 같은 내용의 말이라도 상대가 훨씬 더 잘 알아들을 수 있게 말을 할 수 있는 것이다.

- 낭독과 낭송은 다르다.
  낭독 (朗讀)
    - 대개의 경우 산문의 글자를 그대로 소리 내어 읽는 것.
  낭송 (朗誦)
    - 대개의 경우 시를 소리를 내어 유창하게 외우거나 음률에 맞게 감정을 불어넣어 읽는 것.

- 강의를 잘 하기 위해서는 낭독이나 낭송을 불문하고 감정을 불어 넣어 말하므로 청중이 공감하고 감동 받도록 해야 한다.

2강
5가지 강의 법칙

성공한 명강사를
꿈꾸는 비결

2강 5가지 강의 법칙

제1법칙 : 목표를 설정하라

1. 목표를 설정하라.

○ 어디에서 목표를 설정할까?
- 프레젠테이션을 준비할 때 가장 핵심적인 요소는 과연 어디에서부터 시작할 것인지 '목표'를 설정하는 것이 핵심이다.

○ 목표를 설정했을 때 얻게 되는 세 가지 장점들.
첫째, 마침내 출발점에 서게 된다.
둘째, 강조해야 할 점이 무엇인지 알게 된다.
셋째, 청중을 어느 방향으로 이끌어 갈지 알게 된다.

2. 상대방을 어떤 방향으로 이끌 것인가?

O 자신이 연사가 되었다면 무엇보다 청중 앞에 서기 전에 자신이 말하고자 하는 것을 정확히 파악하고 확인해야 한다.

제2법칙 : 프레젠테이션의 5가지 유형

1. 세일즈 프레젠테이션 : 설득력

- 판매 및 마케팅과 관련된 내용, 즉 설득시키는 일과 관련된 콘셉트, 상품, 서비스, 이윤 등을 설득력 있게 홍보한다.
- 당신의 의견을 따르지 않을 경우 일어날 수 있는 부정적인 나쁜 상황을 제시한다.
- 당신의 의견을 따랐을 경우에 발생하는 좋은 상황을 들어 긍정

적인 방향으로 설득한다.
- 청중의 오감(미각, 촉각, 후각, 시각, 청각)을 자극함으로써 상대의 마음을 설득할 수 있다.

2. 예식 프레젠테이션 : 감동적으로
- 여기에서는 예식이라는 배경이 완벽하게 갖추어진 상태에서 하는 만찬사, 리셉션 연설, 주례사, 환영사, 고별사 등 완벽하게 준비된 프레젠테이션을 말한다.
- 목적은 청중을 감동시키는 것이다. '감동'이란, 곧 청중의 심금을 울리는 것을 의미한다.
- 시각적 스토리를 사용하라. 포스터, 사진, PPT, 현수막 등 점잖은 것을 보여 주므로 준비와 열정을 보인다.
- 목소리를 다듬어라. 공명음으로 강력한 카리스마를 불어넣기 위하여서는 강력한 목소리의 에너지가 필요하다.
- 감동적인 표현과 유머를 사용하여 상대방으로 하여금 재미있고 믿음직한 인상을 심어주라.

3. 교육 프레젠테이션 : 배울 것이 있도록
- 청중이 직접 참여하여 배울 수 있도록 하여 강의내용을 기억하는 비율이 높아지도록 한다.
- 참여를 유도하기 위하여 질문을 던지라.

- 규칙1. 대상자를 지목해서 질문하라.
- 규칙2. 같은 질문을 두 사람 이상에게 하라.
- 규칙3. 항상 정답을 제시하라.
- 청중들에게 필기하게 하고 과제물을 내주고 질문을 하라.
- 요점을 말해 주고 중요한 것은 반복해서 강조한다.

4. 선동 프레젠테이션: 감동과 설득력으로

- 선동 프레젠테이션의 범위는 아주 넓고 크다. 정당 연설, 연례 프레젠테이션, 선전 프레젠테이션 등 대규모 청중을 대상으로 이루어지며 청중을 자극시켜 원하는 목적을 달성하기 위한 연설에 해당된다.
- 목표설정
- 청중의 참여와 감각의 자극
- 시각적인 스토리 설정
- 부정적 결과 제시
- 긍정적 결과 제시

5. 사실설명 프레젠테이션: 지식 전달이 되도록

- 사실적인 정보를 전달하기 위하여서는 시각적인 자료가 꼭 필요하다.
- 차트, 포스터, 동영상, PPT 등 시각자료가 있어야 매끄러운 진

행이 될 수 있고 상대방이 이해하기 쉽게 된다.

- 첫 시간 강의는 잘 듣고 반응도 좋았는데 두 번째 시간 강의는 건강전문가인 의학박사가 강의를 시작 하였다. 그런데 이 분의 강의가 시작한 지 10여분이 지나자 청중들이 한 사람 두 사람 자리에서 일어나기 시작하고 시계를 들여다보는 등 새로운 반응이 일어났다.
전 시간과는 분명히 대조적이다. 이분이 가지고 있는 지식은 훌륭하고 전문적인 것이었다.
그러나 전달하는 능력이 부족하여 전혀 상대의 수준을 맞추지 못하였고, 유머감각이나 에피소드가 전혀 없는 자기의 지식만 전달하려 하니 실패하게 된 것이다.

- 유머나 에피소드는 모든 강의에 양념이라는 것을 잊지 말아야 한다.

- 대화나 스피치에 유머는 매우 필수적이다. 분위기를 편안하게 만들어 전달하고자 하는 내용을 더욱 효과적으로 전달하는 촉매제가 되기 때문에 필수적이다.
그러나 청중을 고려하지 않고 억지로 웃음을 이끌어 내려 한다면 오히려 역효과를 가져올 수도 있다.

개그맨이나 코미디언 흉내를 어설프게 내거나 내용과 걸맞지 않은 유머는 자칫 품격을 떨어지게 하는 요인이 되므로 잘 가려서 써야한다.

유머란 : '유'치하게 '머'저리같이 웃기는 게 아니라
'유'연하게 '머'리를 굴려서 자연스럽게 청자에게 웃음을 이끌어 내는 것이다.

○ **유머스피치의 조건**
  1. 품격 있는 유머를 구사하라.
     강사의 유머는 개그나 코미디와는 목적이 다르다.
     개그나 코미디의 목적은 웃기는 것 자체가 목적이 되기 때문에 때로는 짙은 성적 농담, 엎어지고 망가지는 멍청한 바보짓을 불사하고 웃기려고 한다.
     그러나 스피치나 품격 있는 대화에서의 저질스러운 유머는 오히려 자신의 이미지를 실추시킬 수 있다.

  2. 말하고자 하는 내용과 연관된 유머를 구사하라.
     대화 도중 상대방의 반응을 이끌어내기 위한 수단으로, "재미있는 얘기하나 해 드릴까요?"라고 말하며 상대의 웃음을 이끌어 내려 했다면 가장 잘못된 유머구사의 방법 중 하나다.

유머는 시대와 문화 그리고 말하는 상대방이 누구냐에 따라 적절하고 품위 있는 유머를 구사해야 그 느낌도 달라진다. 어떤 자리인지, 타이밍은 적절한지, 상대방이 누구냐에 따라 적절한 유머를 구사해야 품위 있는 유머가 될 수 있다.

제3법칙 : 청중을 파악하라

○ **청중은 결코 적이 아니다.**
- 청중의 유형을 파악하라.
- 어떤 수준의 강의를 진행해야 할 것인지, 그들의 수준은 어떤지, 그들은 어떤 사람들인지, 무엇을 해주기를 원하는지 파악해야 된다.

○ **청중과의 평준화를 이루어라.**
- 청중을 끌어들이고 그들을 적극적으로 참여시키기 위해서는 어느 한 쪽으로 기울어지지 않도록 평준화를 이끌어 내어 강연자에게 적대적이지 않도록 하면 두려움을 떨쳐버리고 강의에 집중하게 될 것이다.

○ **청중을 끌어안아라.**
- 질문을 던지라.

- 규칙1. 대상자를 지목해서 질문하라.
- 규칙2. 같은 질문을 두 사람 이상에게 하고 답변은 노-코멘트 하라.
- 규칙3. 논쟁을 벌이지 말고 질문 후에는 정답을 제시하라.
- 규칙4. 질문을 너무 많이 하지 마라.
- 규칙5. 모호한 질문은 피하고, 대답은 반복해서 들려주라.

• 청중을 참여시켜라.
 - 수동적으로 참여한 청중보다는 적극적으로 참여한 청중과 더욱 교감을 하라. 청중들이 계속 깨어 있도록 해야 한다.

• 청중을 두려워하지 말라.
 - 앞으로 어떤 일이 일어날까 생각하며 두려워하기보다는, 어떻게 하면 청중과 더 가까이 교감할 수 있을까를 계획하라.

• 난처한 질문에 대처하라.
 - 질문에 성심껏 대답한다.
 - 어떻게 하면 목표를 달성할는지 자문해 본다.
 - 답변을 하면서 오늘 프레젠테이션의 목적이 무엇인지 반복해 말한다.
 - 오늘 강의의 내용을 뒷받침 해 줄 수 있는 주요 쟁점을 다시

한 번 반복해 강조한다.

제4법칙 : 원고는 구어체로 쓰라.

○ **구어체(口語體)로 쓰고 말하듯이 읽어라.**
- 문어체(文語體) : 전달하고자 하는 내용만 "명확하고 간단하게 적는다." 라고 생각하면 된다. 정보 전달에 그 목적이 있기 때문이다.
- 구어체(口語體) : 읽는다고 생각하지 않고 "말하듯이 공감할 수 있도록 계량화된 어휘를 사용하여 읽는다."

- 상대방이 누가 됐든 누구든지 글을 읽고 이해할 수 있는 사람이 보게 될 때 그가 나이가 많든 적든 남자이든 여자이든 상관없이 자연스럽게 정보전달이 되어야하기 때문에 글에 사람에게 대하듯 격식을 갖추지 않는다.

- 그러므로 문어체로 쓰여진 글은 무미건조하고 다소 메마른 질감을 가지고 있는 것이므로 구어체로 쓰고 말하듯이 읽는 것이 좋다.

○ **구어체 원고 작성법**
- 단순하고 짧고 간결한 단어의 문장을 만들자, 구어체로 만들어진 문장은 이해하기가 쉽고 따라가기가 쉽다.
- 계량화된 어휘를 사용하여 "4단계를 말하자면" 이라든지, "제2단계는……." 등등이 그 예가 된다.
- 앞뒤의 어휘를 연결해 주는 표현을 자주 사용하라. 즉 "전에도 말한 바와 같이" 라든지 강조할 부분을 연결용 표현을 사용하는 것이다.

○ **말하듯이 읽어라.**
- 말하듯이 읽는 방법은 프레젠테이션 내용을 말하듯이 편하게 읽는 방법이다. 초등학생이 무슨 발표 때 읽는 식으로 읽으면

안 된다.
- 양쪽에 적당한 여백을 두어 두 눈으로 훑듯이 원고를 읽어 내려가므로 읽기가 쉽고 지금 어디를 읽고 있는지 한눈으로 파악하기가 쉽다.
- 원고는 굵은 서체와 가는 서체를 병행하고 청색글씨를 많이 사용하라. 장시간 읽어도 청색은 눈의 피로를 덜어 준다.
- 문장이 중간에 잘리지 않도록 하라. 자칫 잘리면 읽는 도중 원고를 넘기느라 말이 부자연스럽게 끊길 수 있다.

○ **말하듯이 쓰기의 실례**
- 말하듯이 작성된 구어체 원고는 잘만 읽는다면 원고를 읽는 것이 더 편할 수도 있다. 그러나 청중이 원고를 읽는 것을 눈치 채지 못하게 읽어야 한다. 간단한 시나 명언을 읽는 것을 제외한 모든 원고는 읽지 않고 머리에 저장해야 일류 강사라고 할 수 있다.

제5법칙 ; 프레젠테이션을 실제로 해보라.

○ 항상 연습하라. 연습만이 완벽한 결과를 만들 수 있다.
○ 언제나 생기 넘치는 모습을 보여주라.

- 시각적인 요소가 55%
- 청각적인 요소가 38%
- 언어적인 요소가 7%다.

○ 언제나 단정하고 미소를 짓는 생기 넘치는 모습으로 우뚝 서라. 그리고 힘이 넘치는 목소리를 만들어라.

- 호흡을 개선하여 복식호흡으로 바꾸어야 한다. 목에서만 나오는 목소리는 상대방이 듣기에 피곤하고 쉽게 지친다. 그러므로 뱃속 깊은 곳에서 나오는 공명음의 발성 연습을 해야 한다.

- 공명음은 소리를 증폭시키는 방법이다. 공명이 좋아지면 음조가 부드럽고 음성이 좋아진다.
- 호흡을 개선하기 위하여 숨을 들이킬 때 배에 손을 대고 배가 부풀도록 하고 내쉴 때는 배가 들어가도록 하는 복식호흡을 배워야 한다.

- 목소리 개선을 위해 과장된 표현법을 사용하라.
- 쉬어가기를 하여 청중들이 한 번 쉬어 가도록 하고 다음을 기대하도록 만든다.

○ **보디랭귀지(Body language)를 활용하라.**

- 정확한 제스처로 듣는 이로 하여금 평범한 연설을 매우 강도 높고 자극적인 메시지로 변모 시켜 감동을 유발시키는 효과가 있다.

- 손만 잘 활용해도 훌륭한 효과적인 강의로 탈바꿈할 수 있다. 손은 편안하게 아래로 늘어뜨리고 배꼽 근처로 모으는 것이 좋다. 손의 사용을 통해 청중의 관심을 유발시킬 수 있고 핵심을 강조하는데 효과적이다.

- 전체적인 자세는 항상 등은 곧게 펴고 어깨는 약간 뒤로 젖히고 두 다리는 남자는 엉덩이 넓이만큼 벌리고 여자의 경우는 대략 10Cm정도로 하는 것이 좋다.

- 청중의 눈을 똑바로 바라보라. 한쪽만 바라보지 말고 아래위로 양 옆으로 눈을 돌려서 많은 청중을 골고루 바라보게 한다.

- 청중이 누구인지 미리 파악하여 그에 어울리는 복장을 단정히 하라. 유행보다는 깔끔하고 단정한 옷차림이 부담이 없다.

○ 호감 가는 표정 만들기

1. 사진을 바꾸어라.
   개인의 신분증, 집에 걸어둔 사진을 환하고 밝게 웃는 미소를 띤 얼굴의 사진으로 바꾸어라.

2. 거울을 잘 활용하라.
   현관과 사무실 책상 앞에 거울을 달아라. 거울을 보며 웃는 모습과 전체적인 인상을 점검하라.

3. 웃는 모습을 연습하라.
   하루에 몇 번이고 시간이 있을 때마다 자신에게 가장 잘 어울리는 웃는 모습을 연습하라.

4. 지속적으로 연습하라.
   한 달, 두 달 반복하다 보면 저절로 표정이 바뀌게 되고 마음자세까지도 바뀌어 진다.

5. 사소한 일에 화를 절제하라.
   쉽게 화의 감정을 다 발산해 버리면 자신의 인상은 쉽게 구겨지고 후회하는 마음만 더욱 커진다.

○ 명강사가 되는 단계

1. 해설을 위주로 하는 강의방법

   가장 오래된 교육방법 중 하나로 강화법(講話法) 이라고도 한다.

   - 문제형식으로 제시된 사항을 학습자에게 이해시키기 위한 방법으로 설명에만 의존하므로 소극적이다.
   - 중세시대에는 모두 이 강의법으로 강의를 하므로 학생들은 필기하기에 바빴으며,
   - 서적 보급이 활발하게 이루어 졌을 때는 들은 내용을 암송하는데 많은 시간을 할애했다.

2. 시청각 자료를 이용한 강의 방법

   - 과학문명의 발달로 인하여 시청각 교육이 대세를 이루고 있다.
   - 시청각자료는 눈과 귀로 보고 듣는 재미를 주는 장점이 있다.
   - 시청각자료는 표현 방식을 다양하게 할 수 있다.
   - 사실을 그대로 믿고 받아들이도록 한다.
   - 반복해서 사용할 수 있다.
   - 보고 듣고 하므로 지루 하지 않다.
   - 원고가 영상으로 나오므로 원고가 필요 없다.

3강
좋은 목소리 만들기

성공한 명강사를
꿈꾸는 비결

3강 좋은 목소리 만들기

흔히 목이 약하다고 하는 사람들의 대부분은 목소리가 갈라지고 가라앉는 소리를 낸다. 그러나 목소리가 쉽게 변하는 이유의 50%는 자신의 본 목소리를 제대로 내지 않기 때문이다.

미국의 저명한 한 이비인후과 전문의인 쿠퍼 박사의 말에 따르면 대부분의 사람들이 자기의 본 목소리를 잃고 살아간다고 한다.

1. 효과적인 목소리 만들기

- 하루 6~10잔 정도 이상의 물을 마신다. 충분한 수분을 공급하면 성대 점막이 촉촉해져서 상처가 쉽게 나지 못하도록 방지해 준다.

- 술, 카페인 음료 등 이런 음료는 체내의 수분을 빼앗아 감으로 성대를 건조하게 만드는 원인이 된다.
  말을 많이 해야 할 경우 이런 음료는 2~4시간 전에는 피해야 한다.

- 호탕하게 웃는 웃음, 헛기침도 목에 무리를 준다. 헛기침을 하면 성대에서 점액이 빠져나와 목이 깔끔해 지는 것을 느끼지만 곧 다른 점액이 채워지므로 악순환이 계속되게 된다.

2. 자기 목소리를 찾는 법

- 후두에 위치하고 있는 성대는 발성기관으로서 남성은 1초에 100~150회, 여성은 200~250회 진동한다. 이러한 목의 진동을 통한 목소리를 내게 되면 당연히 자신에게 맞지 않는 목소리를 내며 이들 진동을 이용하면 쉽게 목에 무리가 간다.
  목을 많이 쓰는 교사나 가수, 아나운서들이 목에 병이 많은 이유가 여기에 있다.

- 남자인데 여성의 고음을 내는 경우의 대부분은 성대근육이 과도하게 긴장된 상태로 소리를 내 보내기 때문이다.
  일명 아담의 사과라고 하는 목 부분을 손가락으로 만지며 고음을 내면 튀어나온 부분이 올라가고 저음을 내면 내려간다.

소리를 낼 때 움직이지 않으면 그 소리가 바로 내 목소리다.

- 진동을 받아 공명할 때도 성대의 일부분만 사용하는 경우 폴립이라는 성대에 굳은살이 생겨 다른 목질환의 위험성이 크다. 건강을 위해서라도 꼭 자기 목소리를 내는 연습이 필요하다.

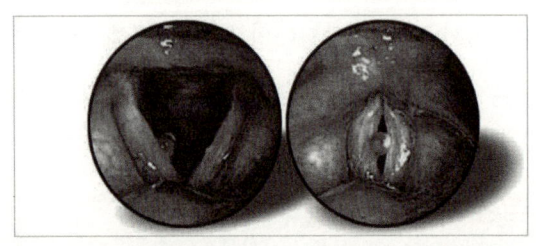

말미잘 모양의 부드러운 종기를 폴립이라 부르는데 이 종기가 성대에 생긴것을 성대폴립이라고 해요. 성대폴립은 목소리를 많이 사용하는 30~50대 남성에게서 자주 볼수 있는 질환으로 과대한 음성의 사용 및 무리한 발성법에 의한 2차적 손상으로 주로 발생하는 질환이며 성대폴립 또는 후두폴립이라고 부릅니다.

3. 좋은 목소리를 위한 기본기 닦기

○ 매력적이고 훌륭한 목소리를 내기 위하여서는 무엇보다 기본기를 닦는 것이 필수조건이다.

- 첫째는 목의 건강이다. 악기가 좋아야 좋은 소리를 낼 수 있는 것처럼 목이 건강해야 좋은 목소리를 낼 수 있는 것이다.

- 둘째는 목소리를 이루는 요소가 무엇인지 잘 파악하고 그에 걸

맞은 목의 힘을 길러야 한다. 운동을 할 때도 몸의 근육이 없는 상태에서 과도한 운동을 하면 오히려 병을 얻는다.
기초체력을 쌓은 다음에 운동을 해야 무리가 없듯이 기본기가 중요한 것이다.

○ **성대에 무슨 질병이 있는지 체크해야 한다.**
어느 날 목소리가 변했는데 2주 이상 지속된다면 즉시 병원을 찾아 혹시 목에 이상이 있는지 체크하여 후두염, 성대 결절, 후두암 등 질환이 있는지 알아보아야 한다.
이런 질환이 생겨도 목소리가 쉬는 등 목에 문제가 나타난다.

○ **목의 질병은 아니지만 위산역류도 목소리를 변하게 하는 원인을 제공한다. 위산이 거꾸로 역류하게 되면 목소리가 잠기고 목이 잘 쉬게 된다.**
위산역류를 막기 위해서는 담배, 술, 기름진 음식 등을 삼가고 말을 많이 해야 할 때에는 커피를 마시는 것도 삼가야 한다.
특히 저녁식사 후 잠자리에 들기 전에 음식물을 섭취하지 않는 것이 가장 좋다.

이 '**성대 근육 스트레칭**'은 성대를 감싸고있는 목과 어깨 근육 이완을 도와 좋은 목소리가 나오게 해줍니다.

성대 근육 스트레칭을 하기 전, 목과 어깨에 힘을 뺀 채 편안한 자세로 섭니다. 큰 거울로 자세를 보면서 하면 더욱더 효과가 있습니다.

〈목운동 ①〉
오른쪽, 왼쪽 번갈아 가며 목을 천천히 기울였다 펴줍니다.

〈목운동 ②〉
앞, 뒤 번갈아 가며 목을 천천히 기울였다 펴줍니다.

〈목운동 ③〉
오른쪽, 왼쪽 방향을 번갈아 가며 목을 천천히 돌려줍니다.

〈어깨운동〉
어깨를 천천히 앞, 뒤 방향을 번갈아 가며 천천히 돌려줍니다.

〈호흡운동〉

① 편안한 자세로 바르게 서서

② 천천히 팔을 들면서 코로 숨을 들이마신 뒤

③ 숨을 멈춘 상태에서 허리를 천천히 구부리고, 다시 숨을 천천히 내뱉으면서

④ 허리를 천천히 펴면 됩니다.

4. 복식호흡 하기

- 발성이란 쉽게 말해 목소리를 내는 것이다. 하지만 보통은 목에 힘이 들어 가게 되면 목이 스크래치(긁힘)가 되어 목이 쉬게 된다.

- 목소리를 좋게 하기 위해서는 후두를 진동시키는 에너지원인 산소를 충분히 공급 받아야 한다.

- 숨을 깊이 들여 마시는 복식 호흡은 흉식 호흡보다 거의 30% 정도의 많은 폐활량을 확보한다. 폐활량이 많으면 많을수록 폐에서 성대로 가는 공기의 압력이 높아지므로 성대는 힘들이지 않고 소리를 쉽게 낼 수 있다.

- 소리는 들숨보다는 날숨에 의하여 만들어진다. 복식호흡은 거의 날숨을 길게 하므로 복식호흡을 하는 것이 유리하다.
  1. 숨을 코로 천천히 들이마신다. (이때 폐보다는 배로 숨을 모으기 위해 배가 나오도록 한다.)
  2. 거의 다 모아졌다고 생각할 때 순간 배에 힘을 주고 숨을 멈춘다. (3~4초 정도)
  3. 입을 조금 벌리며 천천히 숨을 조금씩 내 뱉는다.(허리를 숙이고 약 15초 정도 길게 내쉰다.) 하루 연습량은 많이 할수록 좋다.

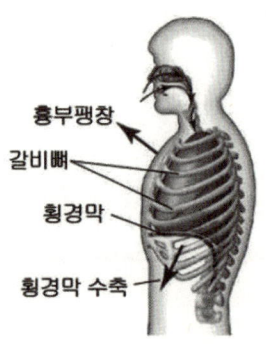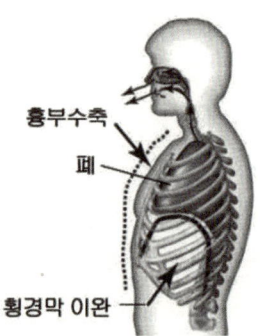

5. 공명음 만들기

- 소리가 입 밖으로 나오기 위해선 성대를 통해 후두의 진동이 공명하는 과정을 거치게 된다. 당연히 충분한 공명이 일어나면 일어날수록 좋은 목소리가 나온다.

- 이 공명음이 나오게 하기 위해선 평소 입을 꼭 다문 채 '음'~ '흠'~등 공명음을 반복하는 습관을 들이도록 노력한다. 이 과정에서 자신에게 가장 편하고 아름다운 목소리를 찾을 수 있다.

- 공명음은 노래하는 가수나 말을 많이 하는 강사들이 목에서만 나오는 목소리로 하면 쉽게 목이 변하고 듣는 청중도 지치게 된다.

뱃속 깊은데서 나오는 공명음으로 말하기를 습관화하여 원래의 내 목소리를 찾고 듣기 좋은 목소리, 건강한 성대를 지키게 하자.

- 말할 때는 입 안의 공기가 세게 나오면 고음 톤이 되고 공기가 적게 나오도록 말하면 저음 톤으로 바뀐다.
  저음과 중간 음을 많이 사용하도록 하여야 한다.

- 비음은 일명 코맹맹이소리라고 한다, "음~ "흠~ 하고 그 소리를 내면 입 천장 앞쪽에서 떨리는 소리가 나는 것을 느낄 수 있다. 그 떨리는 소리를 뒤로 옮겨서 내주면 저음이 되고 앞쪽으로 옮겨 소리를 내면 고음이 된다. 앞쪽과 뒤쪽 사이 중간에서 나오는 소리가 바로 공명음이다. 소리가 비성이면 공명점을 울리는 것이 된다. 이 공명음을 울리는 것은 연습이 필요하다.

6. 불안한 목소리 개선하기

○ 힘들여 찾은 목소리가 생각보다 안정감이 떨어지는 경우가 많다. 어딘지 모르게 힘이 없는 듯 느껴질 수도 있다. 그래서 본 목소리에 안정감을 실어 주는 연습이 필요하다. 이런 문제는 새어나가는 호흡을 모으는 연습을 통해 해결할 수 있다.

• 준비물: 나무젓가락, 티슈

1. 티슈를 둥글게 말아 입 안에 넣은 뒤 나무젓가락을 가로로 문다.
2. 혀끝으로 밀어내는 모양을 한다.
3. 소리를 내본다.
4. 같은 상태에서 낮은 '아'부터 높은 '아'로 음계를 바꿔 서서히 소리를 내본다. 반대로 높은 음부터 낮은 음으로 내려가도 좋다.

7. 입술 훈련

○ 입술 움직임이 좋아지면 발음이 정확해 진다. 또한 힘 있는 목소리를 낼 수도 있다.

• 준비물: 이쑤시개

1. 이쑤시개를 가로로 해서 앞니에 문다.
2. '아 이 우 에 오'를 발음해 본다. 이때 입술이 이쑤시개에 닿지 않도록 주의해야 한다. 이를 앞으로 내민다는 느낌으로 발음을 하면 더 좋은 효과를 얻을 수 있다.

8. 호흡조절 훈련

- 준비물: 페트병

  1. 페트병 입구를 입 안에 넣는다. 이때 병 입구를 앞니로 깨물지 않도록 주의해야 한다.
  2. 이와 같은 상태에서 '가 갸 거 겨' '나 냐 너 녀' 등을 발음해 본다.
  3. 발음이 잘 되지 않지만 이점은 신경 쓰지 말아야 한다. 여기서 중요한 것은 호흡이 빠져나가지 않고 모이게 하는 것이다.

4강
에피소드로 승부하라

성공한 명강사를
꿈꾸는 비결

4강 에피소드로 승부하라

1. 명강사의 목표(目標)란?

(1) 도달해야 할 곳을 목적으로 삼음
(2) 사람이 어떤 일이나 대상을 이루거나 도달하려고 하는 것.
(3) 자신의 꿈에 한을 정하는 것.

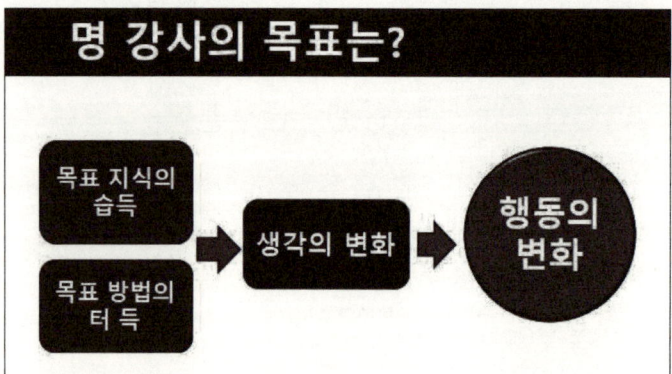

- 생각은 습관을 만들고 습관은 행동을 만들며 행동은 성품을 만들고 성품은 인생을 바꾼다.- 우리의 습관을 바꾸자 팔자가 바뀐다.
- 지혜를 얻는 것이 금을 얻는 것보다 얼마나 나은고, 명철을 얻는 것이 은을 얻는 것보다 더욱 나으니라. -잠언 16:16
- 사랑을 받게끔 노력하자, 상대를 위해 희생하는 것 같아도 결국은 나에게 돌아온다.

○ 목표가 없는 4부류의 사람들은?

1. 목표가 중요하지 않다고 생각한다.
2. 목표를 세우는 방법을 모르고 있다.
3. 실패에 대한 두려움을 가지고 있다.
4. 타인의 시선을 의식하고 있다.

○ 명강사 목표 달성을 위한 6단계

1. 기록하기   - 생각나는 대로 적어본다.
2. 분석하기   - 목표달성이 가능한지 분석한다.
3. 보 이 기   - 액자나, 휴대폰, 냉장고에 적어 놓는다.
4. 상생하기   - 도움 받을 사람과 줄 사람을 찾아본다.
5. 기한 정하기 - 목표기간을 정해놓고 추진한다.
6. 습관화하기 - 목표달성을 위한 열정을 습관화 한다.

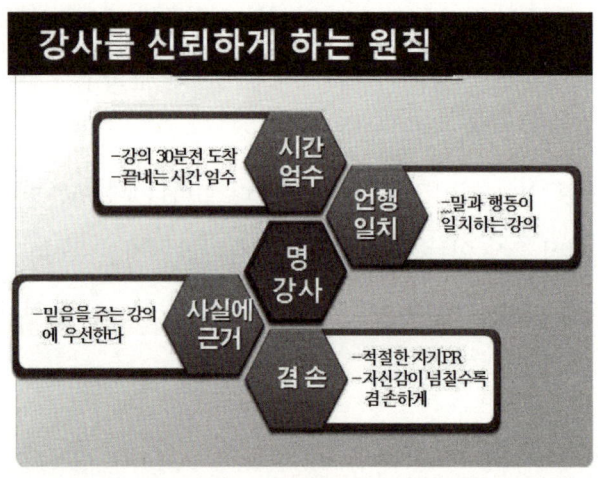

○ **강사의 유머는 만병의 치료제가 된다.**

- 식후 40분간 만담을 듣고 웃은 2시간 뒤 혈당을 측정한 결과 혈당치 상승이 40%나 억제 되었다.
- 스트레스는 부신피질 호르몬인 아드레날린과 코티졸을 발생한다. 이때, 우리 몸은 전쟁준비를 하는데 그 에너지가 포도당이다. 이때 발생한 스트레스는 포도당을 상승시키고 혈당을 높인다.
- 웃음은 두통을 해소시키며 고혈압을 내리게 하고 저혈압은 올라가게 하여 정상혈압과 가깝게 한다.

　　　　　　　　　　　-미국 스탠퍼드대학교 프라이 교수-

- 웃음은 혈관 외벽의 상처를 치료하고 스트레스를 풀어주며 심장질환의 위험을 낮추어준다.

- 웃음은 혈당치 상승을 네 배나 억제시킨다. 이것은 결국 당뇨병, 심근경색, 뇌졸중의 예방과 직결된다.
- 당뇨로 인해 생기는 신경장애, 신장장애, 망막증의 예방에도 직결된다.
- 뇌에 많은 산소를 공급하여 뇌세포가 건강하게 생존하여 뇌졸중을 예방한다.

2. 스피치의 자기평가 체크리스트

• 아니다 2점   • 가끔 그렇다 3점   • 자주 그렇다 4점   • 항상 그렇다 5점

번호	항 목	점수
1	여러 사람 앞에서 말할 때 마음이 편안하다.	
2	말할 때 목소리가 떨거나 불안하지 않다.	
3	말 하는 동안 청중의 마음을 알고 행동을 조절한다.	
4	말할 때 부정적인 생각은 멀리한다.	
5	강의의 요점을 정리하는 노트를 이용한다.	
6	요점노트는 간단하게 서론 본론 결론으로 읽기 쉽게 요약하여 정리한다.	
7	말하기 전에 미리 큰 소리로 연습을 한다.	
8	강의 내용에 맞추어 강약을 조절한다.	
9	표현과 강조를 위해 목소리 크기를 변화하여 다양하게 구사한다.	
10	청중의 주위를 집중시키기 위해 여러 가지 방법을 구사한다.	
11	시청각자료를 간단명료하게 작성하여 사용한다.	
12	자연스런 보디랭귀지로 청중의 시각을 이용한다.	
13	청중과 시선을 자주 마주치려고 노력한다.	
14	강의의 속도를 조절한다.	
15	강의 때 시청각자료 등 보조소품을 활용한다.	
16	발표하면서 내용을 녹음하여 들어보고 연습한다.	
17	1시간 강의를 위하여 1시간 이상 충분히 연습을 한다.	
18	대상과 장소에 따라 의상에 신경을 쓴다.	
19	약속된 시간을 지킨다.	
20	질문을 하고 질문이 올 것을 예상하고 답변을 준비한다.	

판정결과   90점 이상 : 훌륭한 강사
            70점 이상 : 매우 가능성이 있는 강사
            50점 이상 : 조금만 노력해도 가능함.
            50점 이하 : 매우 노력해야 됨.

3. 콘텐츠(Contents)란?

과거에는 하드웨어, 소프트웨어 같은 소재의 시대였으나 2000년대에 와서는 교육, 과학, 문화적으로 보이지 않는 무형의 콘텐츠가 성장 동력이라고 손꼽는다.

요즘은 정부차원에서 음악, 게임, 애니메이션, 영화, 뮤지컬 등 다양한 콘텐츠 산업의 육성을 시도하고 있다.

○ 콘텐츠(Contents) 스피치

　(1) 지식과 지혜의 콘텐츠로 승부한다.

　■ 생존 스피치
　　• 우리가 살아가면서 하는 일상적인 말이다.
　　• 쇼핑한 얘기, 드라마 본 얘기 등 친구들과 그냥 수다 떤 얘기 등.

　■ 전문 스피치
　　• 목적 자체가 생존 스피치와는 다르다. 타인의 삶을 업그레이드 하거나 좋은 영향을 주기 위해 하는 말, 삶의 경험과 지식, 지혜와 교훈이 담긴 가치 있는 콘텐츠가 필요하다.

　(2) 나만의 독특한 콘텐츠를 가져라.
　　• 전문 스피치는 나만이 가지고 있고 나만이 할 수 있는 독특한 콘텐츠를 갖춰야 청중에게 다가갈 수 있다.

- 20대 여성들을 만나서 강의를 한다면 그들의 생활, 고민, 연애관 등을 공감하며 그들의 마음을 헤아려야 그들이 다가온다. "여러분! 직장생활 5년에 통장에 뭐가 남았죠? 카드 빚 500만 원만 남았죠? 남자? 남자랑은 얼마 전 또 헤어졌잖아요? 안 그래요?" 하고 정신없이 말을 쏟아내다 보면 본인들 내용을 척척 아는 강사의 강의가 귀에 쏙쏙 들어온다.

- 할 말이 있도록 준비해야 한다. 청중들이 어떤 것이 필요한지, 직장상사는 어떤지, 어느 정도 알고 준비하면 공감대가 형성된다.

(3) 스피치 설계도를 잘 짜야 성공한다.
- 스피치는 3분짜리 자기소개든 1시간짜리 강연이든 무조건 설계를 잘해야 성공한다. 하고 싶은 말을 몇 가지 소주제로 나누어 구분하고 앞뒤에 서론과 본론, 결론을 만든다.

- 스피치 원고는 말하는 사람이 직접 써야 한다. 남이 써준 원고를 읽는 것은 자신만 아니라 전하고 듣는 모든 사람이 헤매게 되며 남을 설득하는데 결국 실패하고 만다.

(4) 스피치도 황금분할을 해야 한다.
- A, B, A'로 강의를 분할하면 좋다. A에서는 몇몇 주제를 제시하

고 그 주제의 중요성을 이야기로 풀어 나간다.

B에서는 극적인 에피소드를 섞어가며 클라이맥스로 이끌어 나간다. 그리고 다시 A'로 돌아가 왜 지금까지 그런 이야기를 했는지 주제를 다시 상기시키고 마지막 결론으로 이끌어 간다.

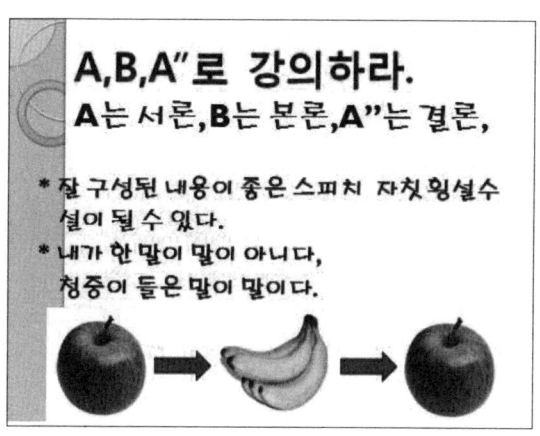

- 이렇게 스토리가 에피소드를 섞어가며 가슴 뭉클한 이야기로 잘 진행되면 그동안 열심히 들려준 모든 이야기들이 감동으로 끝을 맺게 된다.

- C급 강사는 예정된 강의시간을 훌쩍 넘겨서 청중으로 하여금 하품하며 시계를 들여다보게 만든다. 이렇게 되면 청중은 "준비가 안 됐구나, 성의가 없구나,"하며 강사의 신뢰감은 추락하게 된다.

- 주례사처럼 획일화되기 쉬운 스피치는 자신만의 특별한 콘텐츠를 개발하여 차별화를 기하는 것이 바람직하다.

- 10분짜리 신년사를 한다면 도입부가 30초, A가 2분, B가 4~5분, A'가 2분, 종결부를 30초로 한다면 적절한 황금분할이라 할 수 있다.

(5) 주장하지 말고 설득하기
- "아날로그 시대는 지났으니 이제부터 디지털시대를 준비합시다."
    - 아무리 외쳐도 청중은 이렇게 반문한다. "그래서, 어쩌라고."

    - 설득력이 있는 에피소드를 이때에 자기가 경험했던지, 아니면 들어왔던 이야기든지 내가 직접 경험하고 다듬고 판단해서 만든 에피소드는 최상급의 소재가 되어 설득력이 있게 된다.

    - 처음으로 강의를 시작한 지 얼마 안 된 강사들은 주장만 앞세워 청중들에게 부담만 주고 강조한답시고 한 말을 똑같이 또 되풀이해서 청중들에게 감동은커녕 지루하게 만드는 경우가 많다.

5강

에피소드로
청중을 휘어잡자

**성공한 명강사를
꿈꾸는 비결**

5강 에피소드로 청중을 휘어잡자

1. 청중을 알고 그들을 분석하라.

- 청중들의 수준과 그들에게 맞는 언어로 접근해야 한다.

- "나를 알고 적을 알면 백전백승"이라는 말이 있듯, 강사에게 청중을 분석하고 아는 것은 필수사항이다.

- 일급강사라면 언제든지 미리 자신의 강의를 들어줄 청중의 연령대는 어떤지, 학력은 어느 정도인지, 직업은 대략 무엇인지, 미리 파악하고 그들에게 맞는 공감대가 형성될 수 있는 내용으로 강의의 주제를 설정하는 것이 좋다.

- 필자는 노인들을 대상으로 한 강의를 많이 하는 편이다. 그러므로 그들이 경험한 전쟁의 참상 속에서도 끝까지 견디며 새마을 운동으로 나라를 일으킨 이야기, 가난한 환경 속에 살면서 겪었던 여러 가지 에피소드를 이야기하면 고개를 끄덕이며 상호간 공감대를 형성하게 되는 감칠맛 나는 강의가 된다.

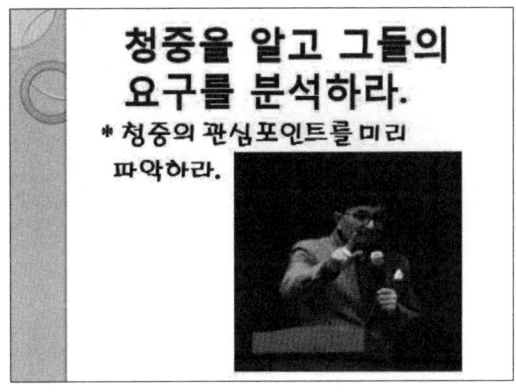

2. 청중의 성향분석표

기 준	청중의 성향	비 고
연령대	젊은 층의 대체적인 성향은 경쟁심, 모험심, 자존심이 강하다. 사랑, 정치, 예술문화에 관심을 갖는다. 노년층은 재산, 건강, 명예에 대한 관심이 비교적 많으며 자부심 또한 강하다.	
성 별	남성들은 대체로 돌발적이고 행동적이며 규칙적이고 정치에 대한 관심도가 높은 반면, 여성들은 감수성이 예민하여 섬세하고 예술, 가정, 의상에 높은 관심이 있다는 것을 고려해야 한다.	
교육 정도	교육정도가 높을수록 자신의 의견에 대한 의존도가 뚜렷하며 논리적, 체계적인 말에 관심을 더 기울인다.	
경제적 수준	경제적으로 안정된 부류의 사람들은 여유나 문화생활 등 누리고자 하는 욕망이 크나 그렇지 못한 사람들은 현실에 닥치는 문제 해결이 가장 큰 관심거리다.	
지역 특성	지역적인 편견이 아직도 남아있다. 그 지역이나 고향에 대한 긍지와 자부심을 고취시키는 내용이 필요하다.	

- 청중의 연령층, 경제적 특성, 교육수준 등 지역적 특성과 그들의 관심 사항이 어느 곳에 있는지 성향을 파악하는 것이 우선이다. 똑같은 주제라도 상대 청중의 관심사항을 미리 파악하여 그들의 마음을 읽고 심금을 울리는 강의를 하면 효과를 극대화할 수 있다.

마틴루터킹 목사의 연설문

"저에게는 꿈이 있습니다. 언젠가 이 나라가 떨쳐 일어나 진정한 의미의 국가 이념을 실천하리라는 꿈, 즉 모든 인간은 평등하게 태어났다는 진리를 우리 모두가 자명한 진실로 받아들이는 날이 오리라는 꿈입니다.

저에게는 꿈이 있습니다. 조지아의 붉은 언덕위에서 과거에 노예로 살 았던 부모의 후손과 그 노예의 주인이 낳은 후손이 식탁에 함께 둘러앉아 형제애를 나누는 날이 언젠가 오리라는 꿈입니다.

저에게는 꿈이 있습니다. 삭막한 사막으로 뒤덮인 채 불의와 억압의 열기에 신음하던 미시시피 주 조차도 자유와 정의가 실현되는 오아시스로 탈바꿈 되리라는 꿈입니다.

저에게는 꿈이 있습니다. 저의 네 자식들이 피부색이 아니라 인격에 따라 평가받는 나라에서 살게 되는 날이 언젠가 오리라는 꿈입니다.

지금 저에게는 꿈이 있습니다.

저에게는 꿈이 있습니다. 주지사가 연방정부의 정책 개입과 연방법 실시를 거부한다는 말만 늘어놓는 앨라배마 주에서도 흑인 소년, 소녀가 백인 소년, 소녀와 서로 손잡고 형제자매처럼 함께 걸어 다닐 수 있는 상황으로 언젠가 탈바꿈 되리라는 꿈입니다.

— 중략 —

- 마틴루터 킹 목사는 백인들에게 고통 받고 살고 있는 흑인들의 마음을 너무나 잘 파악하여 위와 같은 강연으로 두고두고 남는 명연설을 하게 된 것이다. 청중을 알고 그들의 요구가 무엇인지

잘 응용한 강의였다.

3. 이야기 중에 에피소드를 찾으라.

- 신문을 보면서 이용할 만한 에피소드가 있으면 가위로 잘라서 스크랩한다.

- 언제나 연필과 용지를 준비해 놓고 TV를 보면서 다큐프로나 뉴스에서 참고할 만한 내용이 있으면 즉시 메모한다.

- 영화를 볼 때도, 남의 강의를 들을 때도 언제나 메모하여 사용한다.

- 에피소드에도 격이 있다. 남의 책 내용을 발췌하여 정리한다면 하급이고, 남이 한 경험을 이야기하면 중급이다. 친구들과 대화 중에 들은 이야깃거리, 어느 모임에서 들었던 에피소드가 내 이야기이기 때문에 더 설득력이 있고 자유자재로 각색이 가능하다.

- 신문을 잘 활용하자. 괜찮은 기사를 발견하면 그 부분을 오려 스크랩하는 습관을 길들이자.

- TV에서 에피소드를 찾자, TV옆에 항상 볼펜과 메모지를 준비하고 다큐 프로나 여러 프로에서 에피소드를 찾아 메모한다.

- 영화관이나 교육장에서도 쓸 만한 내용은 체크하고 메모하는 습관을 길들이자.

4. 에피소드를 요리하자.

- 요리에 재료가 아무리 좋아도 레시피가 엉망이면 맛이 없다. 에피소드도 제대로 각색하고 포장하지 않으면 안 하느니만 못하다.

- 무게가 있는 거룩한 자리에서 에피소드를 적절치 못하게 사용하면 내용이 가벼워질 수도 있다.

- 아무리 무게가 있는 자리라도 거기에 어울리는 에피소드는 청중의 귀를 열게 하는 힘이 생긴다. 걸 맞는 에피소드를 잘 선택해야 된다.

- 교회에서 목사가 설교하는 예배 시간은 물론 거룩하고 경건한 시간이다. 그러나 거룩한 예배시간이라 해서 너무 무게있는 설교만 하게 되면 딱딱하고 지루한 나머지 은혜와 감동도 없게

된다. 예배시간에 활용할 에피소드는 성경에 기록된 이야깃거리가 얼마든지 있고, 신앙생활 주변에도 얼마든지 많다.

- 미리 "오늘의 주제와 딱 맞는 가슴 아픈 이야기를 들려드리겠습니다." 라든지, "정말 재미있는 이야기를 지금부터 말씀 드리겠습니다." 라는 식으로 미리 언급하는 일은 하지 않는다.

- 아이를 키우는 젊은 30대의 어머니가 청중이라면, 일하면서 아이를 키우기 힘든 일, 남편이 얼마나 도와주는지, 서로가 공감할 수 있는 에피소드를 잘 응용하면 강의의 효과는 배가 된다.

- 에피소드기법은 오바마 같은 거물들의 전유물이 아니다. CEO나 각계 각층의 리더들이 얼마든지 응용하여 자신을 돋보이게 할 수 있다.

- 기업의 신년사를 할 때도 너무 상투적인 거룩한 분위기만 만들어 직원들을 짜증나고 지루하게 만드는 말씀만 나열하지 말고, 내년에 은퇴하는 청소 아줌마의 이야기를 언급하며 회사의 역사와 발전, 그로 인하여 사내가 깨끗해지고 그의 자리가 얼마나 가치 있는 자리였는지를 에피소드로 활용하면 청중의 눈빛은 달라지고 리더에 대한 생각도 바뀔 것이다.

5. 강약을 조절하라.

- 소리만 크게 한다고 청중의 귀에 잘 들리지 않는다. 어떤 이야기는 작게 말해야 오히려 더 잘 들린다. 청중들은 작게 말하면 무슨 일인가 싶어 그 말에 더 집중하게 된다.
크게 말하면 그냥 있어도 잘 들리기 때문에 귀를 기울일 필요가 없다.

- 노래를 부를 때도 어떤 부분은 크게, 어떤 부분은 작게, 강약을 조절하여 불러야 청중의 마음을 움직일 수 있고 청중들의 박수갈채가 터져 나오게 된다.

  굵은 글자는 크게 읽고 가는 글자는 작게 읽는다.
  "오늘 우리가 왜 이곳에 왔는지 여러분은 잘 아실 것입니다."
  "나는 당신이 좋아,   영원히 사랑할 거야."

- 이런 문장을 처음부터 끝까지 큰 소리로 말 한다면 듣는 사람의 감흥은 당연히 떨어지고 만다.
그러나 강약을 조절하여 처음 도입부는 크게, 종결부는 작게 말하므로 상대의 감정을 이끌 수 있고 많은 청중을 위한 강의라면 더 잘 들리는 효과를 올리게 된다.

- 스피치는 강약이 잘 조화가 되어야 말이 탄력이 있고 맛깔스럽게 된다. 스피치는 고음만 계속 듣거나 저음만 계속 들으면 말이 건조해지기 쉽다.

  사람들은 아무리 시끄러운 소리도 한 시간만 들으면 그 말에 적응하게 된다. 그러므로 강약이 살아야 감칠맛이 나고 감동을 받게 됨을 기억하자.

- 어떤 사람은 마이크로 강약을 조절한다. 큰 소리가 필요하면 마이크에 가까이 대고 말한다.

  그러나 이런 기법은 감성의 전달이 미미하다. 목소리로 강약을 표현하면 감성이 살아난다.

어려운 낱말을 연습하자

- 작년에 온 솥 장수는 새 솥 솥 장수이고 금년에 온 솥 장수는 헌 솥 솥 장수다.
- 앞집의 팥죽은 붉은 팥 풋 팥죽이고 뒷집 콩죽은 햇 콩 단 콩 콩죽이며 우리 집 깨죽은 검은깨 깨죽인데 사람들은 햇 콩, 단 콩, 콩죽 깨죽 죽 먹기를 싫다 한다.
- 내가 그린 기린그림은 긴 기린 그림이고 니가 그린 기린 그림은 안긴 기린 그림이다.
- 저기 저 뜀틀은 내가 뛸 뜀틀인가 내가 안 뛸 뜀틀인가.
- 우리 집 옆집 앞집 뒤 창살은 홑 겹창 창살이고 우리 집 뒷집 앞집 옆 창살은 겹 홑 창 창살이다.

6. 스피치에 리듬을 살려라.

- 매우 시끄러운 난타공연을 갔다. 북을 똑같은 세기로 5분을 두드리면 매우 지루하고 짜증나게 마련이다. 그러나 똑같은 북이라도 세게 여리게 중간으로 강약을 조절하여 길고 짧은 리듬을 더하면 청중들은 마음이 즐거워지고 어깨를 들썩이며 춤을 추게 된다.

- 목소리 성량이 1~10까지 있다고 가정할 때 보통의 대화는 5정도의 크기로 말한다. 그러나 성량이 크게 태어난 사람은 평소 6~7정도로 말하다가 조금만 흥분되면 금방 10으로 올라간다.

- 어떤 사람들은 성량이 작아 3~4정도로 작게 말 하므로 아예 잘 들리지 않는다. 이런 사람들은 평소에 5이상의 성량으로 말하는 연습을 통하여 목소리를 키우도록 해야 한다.

- 주의할 점은 언제나 발음이 정확해야 한다. 모기소리처럼 작은 소리로 말하면 상대가 잘 알아듣지 못한다. 더구나 속도까지 빠르면 더욱 알아듣기가 어렵다. 소리가 작을수록 발음이 정확해야 한다.

• 아래의 문장을 가지고 기호를 표시하여 리듬을 살려보자.

모두가 알다시피 우리는 지금 아주 위험한 경제적 커브 길에서 있습니다. **이 커브 길에서** 넘어지지 않으려면 서로 **손을 꽉 잡아줘야** 합니다. 우리 가족 중 누가 먼저 넘어질지 모릅니다. **아빠가 먼저 넘어질** 수도 있고 엄마가 먼저 넘어질 수도 있고 **내가 넘어질** 수도 있습니다. **단지 가족뿐만 아닙니다. 연인, 직장동료, 상사, 혹은 부하 직원** 등 누가 먼저 넘어질지 모릅니다. **내 소중한** 사람들이 넘어지지 않도록 손을 꽉 잡아줘야 합니다. **우리는** 서로의 손끝에 있는 마법의 힘을 믿어야 합니다.

7. 템포를 조절하라.

- 우리는 친구들과 수다를 떨 때는 기막히게 무의식적으로 템포를 조절하여 이야기들을 잘 이어나간다.
  그러나 강단에 서면 어느새 초등학교 어린이가 국어책 읽듯이 말하는 것을 흔히 본다.
  어느 부분은 느리게 어느 부분은 빠르게 말해야 한다.
  길게 말해야 잘 들릴 것 같지만, 때로는 빠르게 말해야 귀에 쏙쏙 박히는 말이 있다.
  말을 놓치지 않으려고 청중들이 귀를 더 기울이기 때문이다.

- 처음에는 정상 속도로 말하다가 중간에 핵심부분에서는 단어를 천천히 정성들여 말한다.
  그러다가 마지막에 속도를 내어 빨리 읽으면 스피치 전체가 감동으로 이어가기 때문이다.

- "제가 이번에 대도시 몇 군데를 다녀왔습니다. 서울, 대전, 광주 그리고 부산에 갔다가 어제 막 돌아왔습니다." 라고 말하면 청중은 '대도시 몇 군데' 라는 말이 나오자 이미 어디에 갔는지를 예측하게 된다.

이 문장을 처음부터 끝까지 똑같은 속도로 말한다면 청중은 맥이

빠진다. 이럴 때는 목표가 부산이다. 서울, 대전, 광주까지는 점점 빠르게 휘몰아치듯 가다가 '그리고' 쉬었다가 '부산'에는 조금 느리게 말하는 템포 조절이 가슴에 와 닿는 강의가 된다.

- "부족한 제게 동창회장이라는 막중한 책임을 맡긴 동창 여러분들에게 깊은 감사를 드립니다.
  우리도 이제 나이가 들어가는 모습을 서로 바라보게 되면서 보듬어주고 격려할 수 있도록 열과 성을 다하여 저의 소임을 다하겠습니다.
  여러분들의 동창회를 향한 애정을 저에게도 보내 주시기 바랍니다. 여러분, 사랑합니다."

이런 인사말이 점점 템포가 빨라지면 웃기게 된다.
처음 도입부는 정상속도로 가다가 마지막 부분, '여러분, 사랑합니다.' 는 천천히 한발 한발 힘겨운 걸음처럼 말해야한다.

- "다사다난했던 2018년도가 저물어 가고 있는 이때 여러분과 함께 이 자리에서 올 한해를 돌아볼 수 있게 돼 대단히 기쁘게 생각합니다. 우리 회사는 지난 10여 년간을 말할 수 없는 고난과 역경을 겪었지만 오늘날 크게 성장하였습니다.
  이렇게 성장할 수 있었던 것은 직원들의 열정이 있었기 때문입니다.

아울러 직원 여러분의 노고에 다시 한 번 감사를 드립니다."

이 문장은 대체로 길게 늘어진 느낌이다.

호흡에 맞게 끊어서 말해야 한다.

이 문장을 단어마다 짧게 끊어서 말하도록 문장을 바꾸어 보았다.

"다사다난했던 2018년도가 저물어 갑니다.

오늘 이 자리는 여러분과 함께 올 한 해를 돌아보는 자리입니다.

함께 있으니 더 행복하고 기쁘지 않습니까?

우리 회사는 지난 10여 년간 말할 수 없는 고난과 역경을 겪었습니다. 그러나 우리 회사는 크게 성장했습니다. 그 이유는 무엇일까요? 바로 여러분의 열정 덕분입니다.

여러분의 노고에 다시 한 번 감사를 드립니다."

8. 어울리는 스피치 제목을 정하라.

- 가장 중요한 것이 작명이다, 제목만 잘 지어도 절반은 성공이다.
- 과자도 이름에 따라 상품의 판매량이 달라진다.
- 무슨 제안서나 논문의 제목처럼 딱딱한 구조를 벗어나 소프트 하고 좀 섹시하게 바꾸면 청중의 기대감이 증폭 된다.

○ 파트별 소제목을 정하고 내용을 채운다.

- 제목을 정한 후에는 각각의 파트별로 들어갈 소제목을 정하고 그에 따른 콘텐츠를 만든다.
- 도입부는 듣기 편하고 쉬운 말로 시작하여 청중의 부담감을 줄여준다.
- 청중과 공감대를 형성하는 내용으로 빠른 시간 안에 청중들의 마음을 열게 해야한다. 강연은 감동적인 말로 마무리해야 한다.

- 마무리 할 때 감동적인 말이 청중의 가슴을 울리게 해야 한다.
- 마무리가 잘 되면 중간에 더러 헤맸어도 다 잊고 마무리의 아름답고 감동적인 말만 기억에 남게 된다.
- 기억에 남을만한 스토리, 에피소드로 마무리를 미리부터 잘 준비하자.

6강

CEO를 위한 유머리더십

성공한 명강사를 꿈꾸는 비결

6강 CEO를 위한 유머리더십

1. 리더가 되려면 유머리스트가 되라.

- 유머감각이 있는 사람이 직장인이라면 직장이나 거래처에서 원만한 인간관계를 갖게 될 것이다.
  요즘 직장은 전쟁터라고 말한다. 판매경쟁, 무역경쟁이 치열하다. 많이 팔기위해서는 품질도 좋아야 하고 신용도 좋아야 하지만 무엇보다 인간적인 신뢰가 우선한다.

- 유머는 직장, 거래처, 또는 사회에서 갈등관계를 구조관계로 바꾸는 역할을 한다. 구조관계란 서로 도움을 주고받는 관계를 말한다.
  판매목표 달성을 위하여서는 바이어나 세일즈맨에 대한 부정적인 의식을 바꾸어 호감을 갖도록 유도하는 것은 유머이기 때문이다.

• 몰락하는 리더의 7가지 문제점
(1) 내가 아니면 안 된다는 자만심에 도취해 있다.
(2) 리더의 고집은 몰락의 지름길이다.
(3) 경계심과 의심을 가지는 순간 리더십은 0점이다.
(4) 무조건적 추종자가 있다면 암 말기증세다.
(5) 옹호자만 보이고 조언자는 안 보인다.
(6) 네 탓 내 탓 공방이 잦아지면 리더의 생명은 끝이다.
(7) 참모와의 불화설에 휘말리면 끝장나게 된다.

2. 성공한 리더의 자질

(1) 비전을 제시하는 능력이 있어야 한다.
   (지도자는 분명한 방향을 제시해야 한다.)
(2) 열정이 있어야 한다.
   (긍정적이고 적극적인 사고방식을 갖고 할 수 있다는 소망을 가져야 한다.)
(3) 성실성이 필요하다.
   (성실과 정직으로 남에게 신임을 얻어야 한다.)
(4) 용기가 있어야 한다.

(위험을 무릅쓰는 용기와 추진력, 용기가 있는 지도자는 고난을 잘 극복한다.)

(5) 구성원을 존중하고 포용할 줄 알아야 한다.

(구성원들이 리더를 존중하게 되고 열심히 일하게 된다.)

(6) 여유로운 태도를 보이며 유머를 자주 구사한다.

(에너지가 넘치며 구성원들이 즐겁게 일한다.)

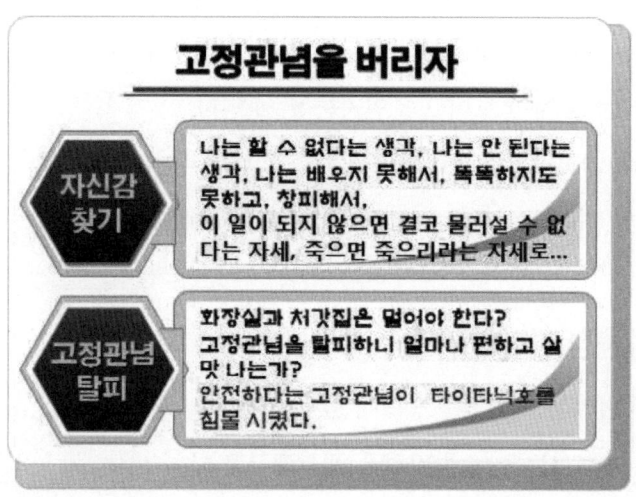

- 안중근 열사의 어머니 조 마리아 여사는 독립 운동가이다. 아들 안중근이 일본의 이토 히로부미를 암살하고 사형언도를 받자 항소하여 목숨을 왜놈들에게 구걸하지 말고 떳떳하게 죽으라는 편지로 유명하다. 조 마리아 여사는 아들이 처형된 후에도 중국 상하이 근방 임시정부에서 활동하는 독립운동가 들에

게 여러 가지로 도움을 주며 정신적인 지주 역할을 했고 국가가 2008년 8월 건국운동애족장을 수여했다.

○ 리더의 첫 번째 덕목 : 끝없는 인내심

역사를 뒤돌아 볼 때 성공한 리더들의 기본적인 요소는 바로 인내심이었다.

- 나를 둘러싸고 있는 외부적 요소와 내부적 요소에 대한 인내심. 외부적 요소는 나를 둘러싸고 있는 위험요소들을 향한 인내심, 이것은 나를 공격하려는 적, 환경, 시간들과의 싸움에서 오는 인내심이고 내부적 요소는 나 자신에 대한 인내심이다.

- 인내심에서 가장 이기기 힘든 적은 바로 나 자신이다. 외부의

위험요소는 머리로 시간으로 해결이 가능한 끝이 보이는 일이지만, 내부의 요소는 나 자신과의 싸움이라 끝이 보이지도 않고 내가 존재하는 동안 계속 되어야 하는 지루한 싸움이기 때문에 정답이 없다.
끊임없이 노력하고 또 노력해야 한다.

○ **리더의 두 번째 덕목 : 유머로 다가가기**

- 성공한 리더의 면모를 살펴보면 공통된 모습이 거의 대부분 유머가 있다는 것이다.
이런 사람들은 대체적으로 적이 없는 편이다. 그 이유는 다른 사람들에게 호감을 갖게 하고 그 사람과 친해지고 싶은 마음이 들게 하기 때문이다.

- 일처리를 위해서는 누군가의 희생이나 도움을 받아야 한다.
내 입장에서 보면 긍정적이지만 상대적으로 그 희생을 당하는 편에서는 부정적일 수 있는 것이다.
그러나 유머가 있는 사람들은 이런 상대를 유리하게 자기 쪽으로 이끌어 갈 수 있기 때문이다.
호쾌한 웃음 한 방으로 고생스러운 노동의 기억을 날려버릴 수 있기 때문이다.

○ 리더의 세 번째 덕목 : 머리는 차갑게 가슴은 뜨겁게

- 머리를 차갑게 유지하는 것.

  명쾌한 일처리나 정확한 판단능력 등과 같은 이성적 판단 능력을 강조하므로 머리는 차갑게 유지해야 한다.

- 가슴을 뜨겁게 유지하는 것.

  일에 대한 열정, 추진력을 상징한다. 이런 요건들을 두루 갖추고 있는 사람이라면 어느 조직에서나 리더가 될 수 있고 최고경영자의 위치에 오를 수 있는 자질을 지닌 사람이 될 것이다.

  최고의 리더가 되기 위해서는 조직원들을 법이나 규칙에 매여 강압적으로 이끄는 것이 아니라 덕 (강제가 아닌 자신의 의지, 동기부여로 일할 수 있는)으로 일하도록 할 수 있는 능력을 키워야 한다.

○ 청원경찰이 웃음과 친절로 지점장이 된 300억 사나이 한원태

한원태는 청원경찰로 안양의 서울은행 석수지점에서 근무를 시작했다.
지점장의 충고로 친절과 웃음운동을 시작하며 고객을 확보하게 되었고, 결국 은행 수탁고가 총 500억 중 그로 인한 수탁고가 300억이 되자 고객들이 정식직원 채용을 위한 탄원서를 본점에 제출

했다.

학력(중졸)과 나이(42) 때문에 반려됐으나 고객들의 잇따른 항의로 지점장이 은행장 집 앞에서 눈물로 무릎 꿇고 하소연하자 은행장이 결국은 수락하여 정식 직원이 되었다.

정식직원이 된 후 IMF로 은행이 합병되면서 결국 서울은행에서 퇴사.

주위에 있는 많은 금융기관에서 오라고 손짓을 했으나 석수동 마을금고에 입사, 그 후 마을금고 예탁고가 80억에서 260억으로 급상승, 결국 새마을금고 지점장으로 승진하는 영예를 얻었다.

3. 공격과 칭송을 함께한 송별회 한마디

- 영수씨, 당신이 새로운 세계를 향하여 떠나가시게 되었으므로 뒤에 남은 우리들은 아주 기분이 시원합니다. (웃음)

  어쨌든 이런 유능한 사람이 언제까지나 우리 회사에 버티고 남아 있다면 보통의 능력밖에 안 되는 우리들은 견딜 수가 없습니다.

  모든 면에서 출중하신 업무능력의 소유자가 마침내 졸업하신다는 말에 마음이 놓입니다.(웃음과 박수)

- 떠나시기로 결정하였다면 주저하지 마시고 다음세계로 떠나십시오.

  나는 영수씨를 평소에 미워하고 있었습니다. 이런 괘씸한 사람도 별로 없을 것입니다.

  하는 일마다 내 심기를 불편하게 하고 얄밉기까지 하였으니 말입니다. (웃음)

  나는 평소에 공부도 별로 잘 하지 못했으므로 입사하랴 승진하랴 바동거리며 왔으나 지금도 이런 꼴로 별 볼일 없이 지내고 있는데, (웃음)

- 남들은 밤새워 이틀 사흘 노력해서 한 가지 구상을 해도 잘 채택되지 않는다는 굴욕을 겪는데, 이분은 멍청하니 앉아 있다가

마치 단순한 아이디어나 착상 같은 것을 내놓고 그것이 만장일치로 채택되는 순간, 나는 화가 치밀어 저분을 외면하기도 했습니다. (웃음, 박수)

• 그러나 이제 미움도 아쉬움도 다 뒤로하고 이렇게 능력 있는 사람을 또 다시 만날 수 있을까 생각하니 한편 마음이 참으로 허전하고 가시는 길 험하고 힘들지만 잘 개척해 내시리라 믿습니다. (감동과 박수)

• 이런 식의 반대표현에 의한 찬사의 송별인사는 청중에게 감동과 웃음을 주게 된다.

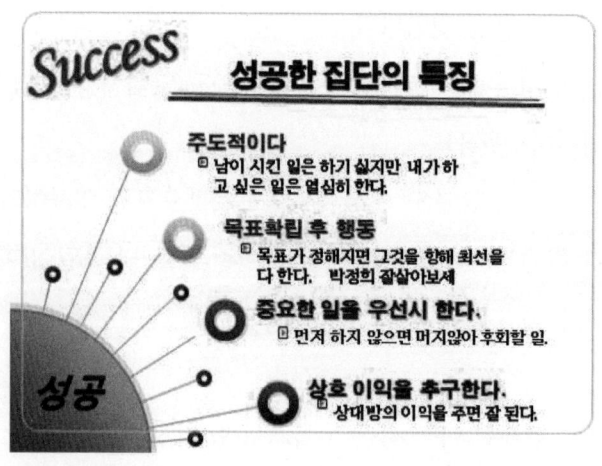

4. 인사말 모음

○ 새해 인사말

"2019년 새해가 눈앞에 다가왔습니다. 2018년 마무리는 잘 하고 계시는지요? 다사다난했던 2018년을 보내면서 한해를 되돌아보고 가는 해를 반성도 하고 다가오는 희망찬 새해를 맞이할 결심도 하시는 시간입니다.

한해를 되돌아보면 감사할 일들도 많고 감사해야 할 사람들도 정말 많았던 한해였습니다.

한 해 동안 함께해준 모든 사람들에게 2019년 한해는 모든 어려운 일들이 물러가고 소망하시는 모든 일들이 이루어져 행복한 일들만 가득한 한해가 되시기를 바랍니다. 감사합니다."

○ 새해 인사말에도 다양한 방법이 있다.

먼저 윗사람에게 하는 것과 아랫사람에게 하는 말, 격식 없이 친구들에게 하는 인사말로 나눌 수 있다.

친근함을 너무 표현하다보면 과해질 수도 있고 너무 딱딱하게 하다보면 형식적인 인사말이 되기 쉽다.

먼저 어르신들에게 하는 인사말에는 건강과 안녕을 물어보는 표현이 가장 좋을 것이다.

"올 한해도 평안하시고 행복한 한해가 되시기 바라며 새해 복 많이 받으시고 건강하시기 바랍니다."라고 좀 형식적이지만 그래도 예의를 갖춘 인사가 좋다.

아랫사람의 경우는 좀 다르다,

"올 한해에는 여러분들이 원하는 모든 것들이 꼭 이루어지는 한해가 되시기를 간절히 바랍니다." 정도가 좋을 것 같다.

하지만 혼기가 찬 남녀에게는 되도록 혼사와 관련된 말은 빼는 것이 좋다, 취업준비생에게는 취업과 관련된 덕담을 하느니보다 그냥 모른 체 넘어가는 것이 좋다.

○ **새봄을 맞이하는 인사말**

"들과 산에는 꽃들이 활짝 피어 향기가 온 산과 들에 진동합니다. 코끝에 스치는 봄바람은 싱그러움을 머금고 따스한 봄 햇살은 온 누리를 기분 좋게 비춰주고 있습니다.

우리의 몸과 마음에도 파릇한 새싹이 돋아나듯 새로운 기운과 희망으로 가득차길 기대해 봅니다.

오늘도 여러분의 가슴속에 이 봄날의 따뜻한 햇살을 받으며 새로운 기지개를 펴는 희망의 봄이 되시기를 기원합니다.

환절기 건강 조심하시고 사랑과 행복이 가득한 봄이 되시길 간절히 바랍니다."

○ **졸업식 축사 한마디**

"여러분들의 졸업을 진심으로 축하합니다.

여러분들은 학교를 떠나지만 사실은 이제 시작입니다. 이러한 시작은 우리의 삶에서 무엇보다 중요합니다. 우리 속담에 시작이 반이라는 말이 있지요? 그런데 옛날 그리스의 철학자 아리스토텔레스도 역시 똑같은 말을 했습니다.

우리의 인생에서 첫 단추를 꿰는 것은 동양이나 서양이나 지금이나 옛날이나 예외 없이 중요한 것입니다.

그러므로 여러분은 여러분이 꿈꾸던 목표를 향해 첫 단추를 올

바르게 채워 모든 분야에서 최고의 인재가 되어 앞날을 개척해 가기를 바랍니다."

○ **부녀회장 취임식 인사말**

주민 여러분, 오늘 부족한 이 사람을 부녀회장으로 선출하여 주심을 진심으로 감사드립니다. 이왕에 저를 뽑아 주셨으니 열과 성을 다해 우리 마을의 부녀회가 잘 발전하도록 최선을 다 하겠습니다.

그러기 위해서 몇 가지 당부말씀을 드리고자 합니다. 우리 주민들이 서로를 잘 이해하고 소통할 수 있는 여건을 만드는 것이 가장 중요하다고 생각합니다.

어른과 젊은이, 남자와 여자, 이웃과 이웃이 서로 마음을 열고 소통한다면 우리 마을은 다른 어느 마을 보다 더 살기 좋은 행복한 곳이 될 것이라 믿고 이렇게 더욱 원만한 분위기가 조성된다면 우리 부녀회도 더 자유롭게 많은 활동을 하며 발전해 나갈 수 있다고 생각합니다.

최선을 다하여 열심히 하겠으니 협조해 주시고 성원해 주시기 바랍니다. 감사합니다.

○ **사람들에게 용기를 주는 말**

우리에게 몰아치는 풍랑의 뒤에는 맑고 찬란한 햇빛이 오고 있습니다.

기대한 대로 거두며 믿음대로 되는 것입니다.

인생의 풍랑이 휘몰아쳐도 영원히 잠잠한 바다를 보지 못하리라 기대하면 절대로 안 됩니다.

음지가 있는가 하면 언젠가 양지도 옵니다. 잠시 후면 풍랑이 걷히고 밝고 찬란한 해가 떠오를 것을 상상하고 희망과 꿈의 나래를 펼치십시오.

그러면 도우시는 신의 능력이 우리 앞에 일어나고 있는 풍랑을 잠재우시고 잠잠한 바다를 선물로 주실 것입니다.

아무리 힘들고 어려워도 아무리 어둡고 캄캄하여도 태풍이 불고 먹구름이 몰려와도 저 뒤에는 찬란한 태양이 오고 있는 것이다.

5. 멋진 주례사 모음

　주례는 결혼예식에서 결혼식을 관장하여 원만하게 진행하는 사람을 말한다.

　우리나라에서 행하는 서양식 결혼식의 주례사는 신랑, 신부의 결혼생활에 도움을 주는 주제의 주례사를 하고, 결혼선서와 성혼이 성사되었음을 알리는 성혼선언은 주례로서 빠질 수 없는 순서이며 사회가 순서에 따라 알리는 대로 하면 순조롭게 진행할 수 있다.

- 사회가 없이 주례가 순서를 진행하는 경우도 더러 있는데 이때는 결혼식 순서를 미리 점검하여 순서가 틀리지 않도록 해야 한다.

- 나상길의 주례사 예문
  000군과 000양의 결혼식에 참석하신 하객여러분과 친지여러분께 양가부모를 대신하여 깊은 환영과 감사를 드립니다.
  결혼은 일생일대의 가장 큰 경사, 그래서 큰일 또는 대사라 합니다.

  신랑 000군은 000씨 양반가정에서 장남으로 태어나 최고의 학부에서 학업을 마치고 굴지의 기업인 0000에 근무하며 장래가 촉망되는 인재입니다.

신부 OOO양은 OOO씨 양반가정에서 학문을 마치고 어머니에게서 신부 수업을 잘 받은 모범규수라고 이야기를 들었습니다.
두 사람을 바라볼 때 하늘이 맺어준 천생연분의 단짝이요 배필임을 알 수 있습니다.

부부는 누가 뭐라 해도 사랑이 첫 번째 덕목입니다.
사랑이 없는 부부는 물 없는 강과 같이 메마르고 생명력이 없습니다.

해동가요의 사랑 편 한 소절을 소개합니다.
"내 사랑 남 주지 말고 남의 사랑 탐내지 마소
행여나 우리 사랑에 잡사랑 섞일세라
우리도 이 사랑 가지고 백년동락하리라."

내 사랑 남 주지 말고 라는 말은
내 사랑은 내 것이니까 남에게 주지 말라. 잘못 간수하면 뺏길 수도 있다는 것입니다.

남의사랑 탐내지 마소는
내 사랑을 내가 철저히 잘 지키고 남이 어떠하든 남의 사랑을 탐내고 욕심내지 말라는 이야기입니다.

행여 우리의 사랑에 잡사랑 섞일세라.
자칫하면 잘못된 사랑, 비뚤어진 사랑이 들어와 내 보금자리를 파괴 할 수도 있다는 것을 명심하라는 말입니다.

우리도 이 사랑 가지고 백년동락하리라.
천생연분으로 그 많은 수십 억의 사람 중에서 무수한 경쟁을 뚫고 결혼에 성공한 두 사람은 지금의 따끈따끈한 사랑 가지고 100세 시대를 사는 이 시대에 100년을 한결같이 즐겁게 살게 되기를 바랍니다.

두 번째 지킬 일은 존경입니다,
부부의 연을 맺고 나서 허물이 없어졌다고 함부로 상대를 대하는데 이 것은 크게 잘못된 것입니다.
마음에 상처 주는 말 한마디도 하지 않도록 노력하고 서로가 자존심을 세워 주고 존경해야 합니다.
이렇게 할 때 상대에 대한 믿음과 사랑이 더욱 향상된다는 점을 명심하기 바랍니다.

신랑이 입은 검은색 양복은 나는 이제부터 죽었습니다. 라는 표현이라고 한답니다. 신부의 흰색 드레스는 나는 신랑에게 백기 들었습니다. 라고 한다네요.

이기려 하지 말고 져주고 살고, 지는 것이 이기는 것이라는 말입니다.

세 번째는 배려라고 말할 수 있습니다.
서로가 도움을 주고받는 배필이 되기를 바랍니다,
인간관계, 즉 부부관계는 사람 인(人)자처럼 서로가 받쳐주는 관계입니다.
하나가 튕겨지면 무너지는 관계라는 사실을 명심하고 아플 때 같이 아파해 주고 어려울 때 서로 위로와 용기를 주어야 합니다.
더러는 세상살이에 지치고 피곤해 파김치가 되어서 쓰러질 듯 집으로 들어올 수도 있습니다.
이 어려운 때에 아내는 남편을 위로해 주고 격려해 주어 빵빵하게 재충전시켜 아침 출근은 앗싸! 하며 기분 좋게 나갈 수 있도록 하는 책임이 아내에게 있다는 사실을 명심하기 바랍니다.
남편은 아이들과 더불어 가정사에 지쳐있는 아내에게 오늘 힘들었지? 하며 앞치마 두르고 설거지해 주고 청소해 주는 남편이 되어 아내의 어려움을 분담하는 배려의 정신으로 살게 되기를 바랍니다.

더러는 의견이 충돌되어 싸움이 벌어지고 찢어지고 깨어지는 위기가 닥쳐와도 해가 지기 전에 화해하고 처음 사랑의 연합된 힘으로 다시 뭉치고 또 뭉쳐서 지금의 따끈따끈한 사랑이 영원히 이어지고 행복한 100세 시대의 표본이 되기를 바랍니다.

부디 경제적으로도 버는 것 보다 쓰는 것이 더 많은 사람이 아니라 알뜰살뜰하게 규모있게 경제를 꾸려서 가정경제가 부유하여 아내의 눈에 눈물이 보이지 않도록 하며 낳으시고 기르시며 정성을 다 하신 양가 부모님에게 효도하고 아들 딸 알맞게 낳아 행복한 가정, 남들이 부러워하는 가정을 꼭 이루기를 당부하며 주례사를 가름합니다.

○ 기업 CEO의 주례사 예문

여기 서로의 손을 마주잡은 두 사람이 있습니다.
앞날에 대한 맹세와 서로의 신뢰를 다짐으로 사랑의 열매를 맺기 원하는 이들 앞에 제가 있음을 무한한 영광으로 여깁니다.

아낌없이 보살피며 사랑의 가르침으로 이들을 이렇게 훌륭한 선남선녀로 길러내신 양가 부모님께 진심으로 감사의 말씀을 드리며, 또한 이들의 사랑을 축복하기 위해 시간과 수고와 노력을 아끼지 않으신 양가 친지 및 오늘 참석하신 하객 여러분께 감사의 말을 전합니다.

저는 오늘 남다른 감정으로 이 자리에 섰습니다. 저는 OOO양과 함께 10년이 넘게 오랫동안 근무한 회사의 책임자로서 저에게는 OOO양은 직원이라기보다는 자식과도 같은 사람입니다.
항상 업무에 충실하고 회사 분위기를 밝게 이끄는 데도 큰 도움이 되었던 성실함을 두루 갖춘 인재였기에, 미력하나마 주례 부탁에 기꺼이 도움이 되고자 이 자리에 섰습니다.

오늘로서 두 사람은 부부가 되어 한 가정을 꾸리게 되었습니다.
주례는 두 사람보다 30여년 먼저 결혼 생활을 해 본 선배로서 몇 가지 당부 말씀을 드리고자 합니다.

두 사람이 상대방과 결혼하기로 결심하고부터 앞으로 꾸려나갈 가정에 대하여 많은 생각을 하였을 줄로 압니다.
두 사람은 지금 행복한 가정을 꾸리는데 대한 희망과 기대에 부풀어 있을 것입니다.

사랑하는 사람을 위해 무엇인들 못하겠느냐는 각오에 차 있을지도 모릅니다. 두 사람은 물론 잘 해나가리라 믿습니다.
그러나 막상 결혼을 하고 나면 생각했던 것과 현실이 다른 때가 많이 있고 상대방이 내 뜻대로 따라 주질 않아서 화나고 섭섭할 때도 많을 것입니다.
급기야는 차차 처음 사랑을 망각하고 자기 욕심만 부리다가 서로의 마음에 상처를 남기고 어긋나기도 할 것입니다.

저는 오늘 이 자리에서 사랑의 맹세를 하고 새롭게 시작하는 두 사람에게 지금 두 사람의 마음에 간직한 조심스런 마음을 끝까지 간직하고 지키라는 말을 하고 싶습니다.
나 보다는 상대를 배려하는 마음을 잊고 살기 때문에 서로가 힘든 시간을 보내게 되는 것입니다.
나만을 생각하는 이기심을 버리고 서로 배려하고 존경하는 화목한 가정을 만드시기 바랍니다.

또한 신랑 신부 두 사람이 행복하게 사는 길이 부모님께 효도하는 길이라는 것도 잊지 마십시오. 이제 두 사람은 아기를 낳아 부모가 되어 보면 알게 되겠지만 자식이 부모에게 효도하는 제일 좋은 방법은 부모 걱정 시키지 않고 행복하게 사는 것입니다.

남편이, 아내가 더러 밉고 싫어질 때마다 부모님 생각을 하면서 참고 양보한다면 화목하고 남들이 부러워하는 가정을 이룰 수 있습니다. 모쪼록 이 주례의 말을 잘 새겨듣고 앞으로 행복이 넘치는 가정을 꾸려가길 바랍니다. 감사합니다.

○ **법륜스님 주례사**

"오늘 이 순간부터는 덕 보겠다는 생각을 버려야 됩니다. 내가 아내에게, 내가 남편에게 무얼 해 줄 수 있을까? 내가 그래도 저분하고 살면서 저분이 나하고 살면서 그래도 '좀 덕 봤다' 는 생각이 들도록 해줘야 하지 않느냐, 이렇게만 살면 사는데 아무 지장이 없습니다."

유명한 스님의 주례사로 덕 보려 하지 말고 덕을 보여 주었다고, 그래서 주는 사람이 되라는 감동적인 주례사로 되새겨볼 말씀이다.

○ 전 문화부장관 이어령 문인의 장동건, 고소영 결혼식 주례사

"영화는 활동사진에서 시작해 입체영화로 발전해 갔지만 거꾸로 총천연색 시네마스코프로 시작해 채플린 시대의 흑백 무성영화로 끝나는 것이라고 말하는 사람이 있습니다.

젊음의 현란한 색채는 하나 둘 사라지고 수입은 반 토막 나고 자유롭던 생활은 가정이라는 굴레를 쓴다고 생각합니다. 신랑이 영화인이니까 묻습니다. 정말 그런가요? 그렇게 생각했다면 오늘 이 자리에 서있지 않았을 겁니다."

우리나라를 대표하는 지성작가이자 전직 장관의 타이틀을 갖고 있는 이어령 문인의 주례사로 '결혼을 하면 자유는 잃지만 평생

의 반려자를 만난다'는 내용의 주례사였다.

○ 배우 이순재씨의 연기자 변우민씨의 결혼식 주례사

"웬만해서는 부부싸움은 하지 않는 것이 좋습니다.
만약 싸우더라도 하루를 넘기지 말아야 합니다.
부부싸움 후 화해를 위해서라면 야한 동영상을 봐도 괜찮습니다."

선배 연기자이자 인생의 선배로서 부부싸움과 화해방법을 주례사에 담았는데 그 무렵 '야동순재'로 인기가 치솟는 때라 식장 안에 있던 모든 하객들이 웃음 짓는 유쾌한 주례사였다.

7강
파워 스피치

성공한 명강사를
꿈꾸는 비결

7강 파워 스피치

○ **박지성 선수가 들려주는 인생교훈**

1. 가장 중요한 일에 집중하라.
   내가 가장 잘 하는 일이 축구였다. 그래서 그 일에 집중하고 최선을 다했다. 그랬더니 내가 가장 꿈꾸던 일이 현실이 되었다.

2. 닮고 싶은 사람을 만들어라.
   나는 어렸을 때 홍명보 선수와 브라질의 카를로스 등가 선수를 가장 좋아했다. 그래서 그 선수 흉내를 내며 축구를 했더니 실력이 늘고 그들을 닮아가더라.

3. 힘들어도 절대로 포기하지 말자.

힘든 훈련과 잦은 기합, 온갖 어려움이 있어도 포기하지 않았다, 꿈을 이루려면 절대 포기하지 말자.

-인내는 쓰지만 그 열매는 달콤하다-

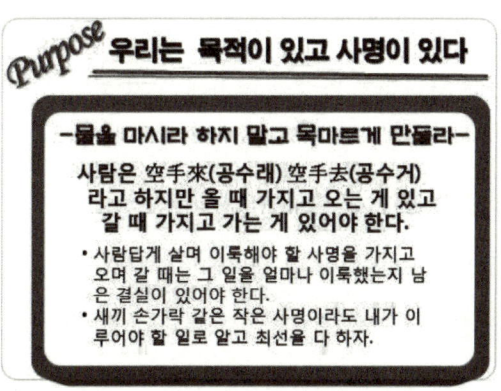

1. 파워스피치

(1) 스피치에 대한 편견을 무너뜨리자.

- 세상만사는 스피치로 통한다.
  - 옛날에는 아이들이 말하면 말대답으로 간주하고 무조건 어른의 말은 이유 불문하고 듣기만 해야 했다.
  - 스피치가 대중화되기 전에는 침묵은 금이고 웅변은 은이고 말 많은 건 x소리였다.
  - "말이나 못해야지…" "말이면 단 줄 아냐." "말 잘하면 다 사기꾼이야."

- 스피치는 누구나 배우면 된다.
  ① 첫째 이유는 말 잘하는 것은 배워서 될게 아니라는 고정관념이다.
    - "장관까지 한 내가 누구에게 배워."
    - 아랫 사람들의 박수와 칭찬에 속지 말자.

  ② 둘째 말에 대한 편견이 배움을 막는다.
    - "말만 번지르르 하면 뭘 하냐?"
    - 옛날에는 소수의 양반들이 말과 글을 독점했고 그들 지배층은 권력과 사리사욕을 채우는데 말을 이용해왔다. 말 잘하는 사람들이 귀에 듣기 좋은 번지르르한 말만 하고 말에 대한 책임을 지지 않는 뜻이다.

(2) 스피치의 권력구조를 깨뜨리자.

- 말의 권력구조가 내려와야 소통이 된다.
  - CEO의 말 한마디면 임원들은 앞 다투어 말도 안 되는 칭찬을 늘어놓는다.
  - 이해상관이 없는 다른 사람이 바른 소리를 한마디 하면 듣던 모든 임원들은 속이 후련해 한다.
  - 회장도 사장도 다 평등한 인간이다. 그 동안 평등한 말에 익숙하지 않았을 뿐이다.

노력만 한다면 저 높은 곳에서 낮은 곳으로 얼마든지 내려와 부하직원들과 소통의 터널을 만들게 된다.

- 스피치 시대를 준비하자.
  - 우리 아이가 말 잘하기를 원한다면 스피치 학원에 보내기보다 가까운 곳에 멘토가 있어야 한다.
  - 부모 자신이 아이의 멘토가 되자.
  - 현실적으로 불가능 하다면 스피치 파트너가 되어주자.

- 아이와 소통하기를 배워라.
  - 단답형 대화는 대화가 아니다. 서로가 이해하고 소통 하도록 대화법을 바꿔야 한다.
  - 아이들은 어른들의 말을 잔소리로 알아듣는다. 여행하면서, 등산하면서 아이들의 애로점을 파악해야 한다.

- 스피치로 영향력을 높여라.
  - 가수가 스피치를 잘 한다고 말 할 수 없다. 개그맨이 많은 사람 앞에서는 경험이 많으니 스피치를 잘 한다고 할 수 없다.
  - 준비해야 된다. 살아오면서 겪은 모든 인생의 철학, 노하우, 에피소드 등 이런 이야기 거리들을 적절히 적재적소에 활

용하면 훌륭한 강의가 될 수 있다.
- 하루아침에 명강사로 우뚝 서기는 어렵다. 그러나 스피치 실력을 갈고 닦으면 품격 있는 제2의 인생이 열리게 된다.

2. 한 노인의 성공 신화

미국에 할랜 샌더스라는 63세의 노인이 있었다.
그는 군에서 대령으로 예편한 다음 자기소유의 식당과 숙박업을 경영해 왔다.
사업이 잘 되자 꽤 많은 돈을 받고 사업을 넘길 것을 제안 받았으나 거절하고 말았다.
아직은 할 일이 있어야 한다는 생각에서였다.

그러나 몇 년 후 주 정부에서는 그의 사업장을 우회하는 새로운 도로를 개설하였다. 사업이 잘 될 리가 없었다.

채 1년도 되지 않아 그는 모든 것을 잃었다.
65세의 나이에 완전히 파산하고 만 것이다.
사회보장제도로 나오는 적은 금액 외에는 수입이 없었다.
다시 시작하기에는 너무도 나이가 들었고, 신세나 한탄하며 술이나 마실 수도 있었다.

그러나 그는 그렇게 하지 않았다.
그는 그가 가지고 있는 기술, 치킨을 요리를 할 수 있는 기술을 누군가 필요로 하는 사람이 있을 것이라는 꿈을 갖게 되었다.
아이디어를 팔기 위해 고물자동차에 조리기구와 그가 가진 특별한 조리기법을 가지고 길을 떠났다.

숙식비를 줄이기 위하여 차안에서 잠을 자면서 이곳저곳 식당들을 찾아다니며 제안을 했으나 거절당하고 말았다.
그러나 할랜은 수백 번의 거절에도 그가 가진 꿈을 절대로 포기하지 않았다. 결국 그의 제의를 믿고 받아주는 사람을 만났다.

성공이었다. 몇 년 후 그는 식당을 다시 열었고, 이 식당은 전 세계에 수천 개 지점을 만들게 되는 시작이 되었다.
캔터키 후라이드 치킨(KFC) 점포 앞에는 흰옷을 입고 서 있는 노인의 동상이 있다.

그의 이름은 바로 할랜 샌더스다.
바로 캔터키 후라이드 치킨을 세운 성공 신화의 인물이다.
꿈을 꾸고 그 꿈을 성취하기 위하여 최선을 다하는 모습보다 더 아름다운 모습이 어디 있을까?

늦었다고 생각하지 말자.
인생은 60부터라고 했던가?
아무것도 달라지는 것 없이 같은 일을 반복하면서도, 더 나은 다른 결과를 바란다면 먼저 자신의 생각을 점검해 보아야 한다.

인생에서 결코 변하지 않는 한 가지 법칙이 있다면, 그것은 자신이 행동을 취하지 않으면 아무것도 변하지 않는다는 사실이다.

기대한 만큼 이루어진다. 긍정적인 생각을 가지고 그가 가진 꿈을 이루기 위해 노력하는 사람에게는 그의 인생은 긍정의 방향으로 흘러가게 된다.

그러나 부정적인 생각에 사로잡혀 있는 인생은 패배와 실패, 그리고 꼬인 인생을 살게 된다.
안 된다는 부정적인 의식은 우리를 그쪽으로 몰아가 보통 수준 이상의 어떤 것도 만들지 못하게 하고 만다.

❖ 장경동 목사는 많은 사람들이 알고 있다. 그가 TV에 나와 웃기며 강의하는 모습을 자주 보았기 때문이다.
오래 전에 부부라는 제목으로 강의를 하여 많은 사람들이 공감하고 감동을 받았기에 일부분을 소개한다.

> "옳고 그름을 떠나 아내를 힘들게 하는 것은 남편의 잘못입니다. 그리고 남편의 마음을 어수선하게 하는 것은 아내의 잘못입니다. 사랑하는 사람을 힘들게 하면 내가 더 힘들어 집니다.
>
> 사랑하는 사람을 힘들게 하지 않기 위해 내가 조금 더 힘든 것, 그것이 사랑입니다. 그것을 감수할 수 있어야 행복한 부부가 될 수 있습니다."
>
> 남자는 사실을 보고, 여자는 진실을 봅니다. 남자는 문제 해결을 위해 대화를 하고, 여자는 공감을 목적으로 대화를 합니다. 그래서 여자들이 대화 속에서 원하는 것은 감동입니다.
>
> "부부는 서로의 사랑과 인생과 노력을 통해서 맞춰 가는 것입니다. 이세상에

> 잘 어울리는 부부는 없습니다. 잘 어울리기 위해 노력하는 부부만 있을 따름입니다. 그러니 잘 맞지 않는 것을 이상하게 생각하지 마세요. 지극히 정상적인 것입니다."
>
> 부부는 고운 정 미운 정이 들면서 살아간다고 한다. 다름을 인정하고 서로의 행복을 위해 살아간다면 결혼생활의 정의를 새롭게 써 내려갈 수 있을 것이다.

3. 스피치를 잘 하려면

(1) 감동을 주려면 머리를 써야 한다.
- 훌륭한 커뮤니케이터와 보통사람의 차이는 열정의 차이다.
- 같은 말도 전달방식에 따라 차이가 크다. 양념을 쳐야 한다.

(2) 영감을 불어 넣어라.
- 매혹적인 카리스마를 넣고 원대한 사명을 전달해라.

(3) 첫 머리를 강렬하게 시작하라.
- 호기심을 유발하며 청중의 관심을 사로잡아라.

(4) 원고를 던져버려라.
- 성공의 가장 중요한 열쇠는 준비이다.
- 매체를 활용하고 청중의 요구를 파악하라.

(5) 전문용어를 버려라.
- 전문용어보다는 그날 강의의 효과적인 도구를 사용하라.

(6) 항상 간결하게 이야기 하라.
- 짧고 간결하게 신속히 핵심주제를 전달하라.

(7) 품위있게 말하라.
- 알기 쉽게, 어조를 높여서, 효과를 위해 잠시 멈춰라.

(8) 지휘관다운 자세를 갖추어라.
- 자신 있는 태도로 회중과 시선을 마주하라.
- 효과적인 제스처로 청중의 시선을 이끌어라.

(9) 개끗하고 좋은 의상을 입어라.
- 옷차림은 첫 인상을 형성하는데 큰 영향을 미치므로 멋진 옷차림, 미소가 넘치는 표정으로 우뚝 서라.

4. 발성 연습하기

- 발음을 정확하게 하여 '아, 이, 우, 에, 오'를 계속해서 끊임없이 말하는 연습을 한다.
- 가슴에 손을 댔을 때 울린다는 느낌이 느껴질 정도로 '아~'를 길게 계속한다.
- 입술은 가볍게 다물고 어금니는 살짝 뗀 상태에서 '음'~하고 길게 허밍을 한다. 이때 입 주변을 만지면 진동이 느껴지는 공

명음이 들리도록 한다.

5. 말을 많이 하는 것과 잘 하는 것

처음 사람들 앞에 서면 자신이 준비한 내용의 시간이 얼마나 걸릴지 모른다.

가장 좋은 방법은 원고를 놓고 연습해 보면 시간이 얼마나 걸릴지 알게 된다.

그렇게 준비했어도 시간이 모자라면 예화나 기타 잡다한 내용들은 과감하게 생략한다.

이런 준비 없이 사람들 앞에 선다면 귀중한 시간을 내서 참석한 사람들에게 예의가 아니다.

6. 간접화법과 직접화법

- 남자들은 직접화법을 잘 구사하고 여자들은 간접화법을 좋아한다. 이것을 잘 알고 있는 부인이 남편에게 긍정적, 구체적 의문문형태의 질문을 부탁하기로 하고 다음과 같이 말했다.

"여보, 앞으로는 내게 뭘 부탁할 때, '여보! 물 좀!' 이러지 말고 '벌꿀같이 달콤한 자기야. 나 물 좀 줄래요?' 라고 말해줘요?"

그 말을 들은 남편이 기가 차다는 듯이 주방에서 밥하는 아내에게,

"돼지같이 뚱뚱한 자기야. 나 밥 좀 빨리 줄래?" 라고 말했다.

- 직접화법이란?

  직접화법이란 말을 하는 자신의 의견이나 주장을 청자나 청중에게 가장 정확하게 효과적으로 전달하는 방법이다,

  그러나 일반적인 대화에서는 직접적으로 말하기 때문에 상대가 오해 할 수 있는 단점이 있다, 그러므로 직접적인 화법은 청자의 반응을 미리 고려해서 유효적절하게 대응하는 능력이 필요하다.

- 간접화법이란?

  다른 사람이 말 한 것을 자신의 말로 바꾸거나 자신의 말을 객관화, 일반화 하여 남에게 직접 말하는 것보다 돌려서 말하는 방법이다.

  직접화법 - 철수가 "오늘 밤은 달이 밝구나," 하고 말했다.

  간접화법 - "철수가 그날 밤 달이 밝다고 말했다."

○ **간접화법보다는 직접화법으로 말하자.**

"~~~~라고 말할 수 있다고 생각되어 집니다." 라고 돌려 말하는 것 보다는

"~~~~라고 말하는 것입니다." 라고 말해야 한다.

"~~~~같은 느낌을 받게 될 수도 있습니다." 보다는

"~~~~같은 느낌을 받습니다."로 고쳐야 한다.

의도적으로 돌려 말하려는 것이 아니라면 이런 간접적인 화법은 전달 의지를 약화시키게 되므로 직접적인 화법으로 바꾸도록 노력해야 한다.
"오늘 관광은 날씨가 좋고 사람이 많지 않아서 재미있었던 거 같습니다." "오늘 관광은 날씨가 좋고 사람이 많지 않아서 재미있었습니다."

- 확실치 않은 경우에는 위의 구절이 좋지만 상대방에게 추측성 문구보다는 확실한 이미지를 심어 주려면 아래의 "재미있었습니다."로 사용해야 한다.

- 압존법 (항상 존칭어를 사용 하지 않고 상대방을 고려해서 해야 하는 말.)
  - 중대장님 소대장님께서 행정반으로 오시랍니다. (X)
  - 중대장님 소대장이 행정반으로 오시랍니다. (0)

8강
유머강의법 1

성공한 명강사를
꿈꾸는 비결

8강 유머강의법 1

1. 유머의 중요성

- 사전적 의미로서의 유머는 익살스러우면서 품위 있는 농담과 해학이란 뜻을 가지고 있다.
  또한 유머는 이웃에 대한 냉소, 조소 등과 같이 적의와 경멸의 감정이 담겨있는 농담과는 엄격히 구분된다.

- 매너 있는 유머의 활용은 경쟁력을 높이게 된다. 비즈니스에서도 유머감각이 필수인 시대가 되었다. 직장인들은 능력이 있으면서도 엄격하게 굴지 않고 유머감각이 겸비하여 우스갯소리를 잘 하는 상사나 동료를 선호하고 좋아한다.

- 긴장감이 팽팽한 협상장에서 툭 하고 던진 재치 있는 유머나 위트의 말 한 마디는 분위기를 이완시키는 것은 물론, 상대방에게 좋은 인상을 심어주어 어렵던 협상이 잘 타결되어 성사되는 약방의 감초 역할을 톡톡히 해낸다.

- 어느 장소에서 유머를 한번 하려면 유머에 대한 공포를 느끼는 경우가 종종 있다. 나는 재미있다고 생각해서 남들 앞에서 신나게 얘기 했는데 듣는 사람들이 마치 김빠진 맥주를 마신 것처럼 웃기는커녕 얼굴을 찌푸리고 있다고 가정하면 누구나 그 썰렁함에 대한 미안함과 공포를 느낄 수 있다.

- 많은 전문 강사들이나 전문 유머리스트들에게도 이런 경우가 더러는 있는 것이다. 이때 어떻게 할 것인가? "재미있지 않습니까?"라고 말해야 할 것인가? 그렇게 말한다면 그 강사는 3등 강사에 지나지 않다.
  아니다, 웃을 때를 기다리지 말고 이때는 다음 순서로 슬쩍 넘어가는 재치를 발휘해야 1등 강사가 되는 것이다.

- 웃음은 평소에 마시는 산소보다 거의 4배의 산소를 마시게 되므로 혈액을 통하여 대량의 산소가 뇌세포에 전달되므로 건강한 뇌세포를 회복시키므로 치매를 예방하는 획기적인 운동이다.

- 스트레스를 받으면 뇌가 흥분하게 되어 더욱 많은 산소를 사용하게 되는데, 그때에 웃음이야말로 대량 산소의 공급으로 쇠약해진 뇌세포를 활성화 하는 최고의 명약이 되는 것이다.

- 모든 일에 진지하고 완벽한 모습을 보이는 한 남자가 있었다. 그는 매사를 철저하게 관리하며 강한 이미지를 부각시키고 약속시간을 어기는 일이 절대 없는 늘 깔끔하고 세련된 이미지의 남자였다. 그런 그에게 문제가 있었다. 무엇이 문제일까? 그의 주위에는 친구가 별로 없었다.

그 이유는 바로 그에게는 빈틈이 없는 것이었다. 앞뒤가 꽉 막힌 사람처럼 원칙과 완벽을 추구했던 것이다.
물론 인간이 사는 세상사에는 원칙도 중요하고 완벽한 것도 중요하다. 그러나 그 원칙에는 융통성 있는 원칙이 중요하다고 생각한다.
반면에 서투른 유머를 구사하며 주위 사람들 앞에 자신을 내려놓았던 어수룩해 보이고 어딘가 빈곳이 있어 보이는 그의 친구 주위에는 사람들이 끊이지 않았다.

유머는 우리 삶의 비타민!

2. 유머와 농담의 차이

- 유머가 '권위 혹은 권력' 자체를 무력화 시키는 방법으로 웃음을 이끌어 내는 것이라면 농담은 '권위 또는 권력'을 철저히 인식하여 저항하는 태도에서 웃음을 이끌어 낸다고 볼 수 있다.

- 유머가 가지는 특성은 아무런 목적의식이 없다고 할 수 있으나 농담은 상대를 후벼 팔 목적을 가지고 하는 것으로 이미 목적의식이 내포되어 있다고 볼 수 있다.

- 유머가 그 자체로서 어떠한 목적을 가지고 있지 않으면서 상대가 즐겁게 웃을 수 있게 하는 반면에, 농담은 그 의미를 곱씹어 생각하게 하므로 농담을 한 사람이나 듣는 사람의 뒤끝이 씁쓸함을 느끼게 한다. 그러므로 시니컬한 농담보다는 유머로서 별 다른 감정없이 서로 웃을 수 있도록 하는 것이 좋다.

3. 유머는 성공을 만든다.

- 과천 관가의 최고의 재담꾼으로 알려진 임내규 전 산업자원부 차관이 재임시절 회의 분위기가 경색 될 때마다 유머를 사용해서 분위기를 반전시켰다고 한다.

  그는 2003년 29년의 공직생활을 마치고 퇴임하면서 150여 편의 유머를 모아 〈해사 유머모음집 봉수야!〉라는 책을 펴냈다.

- 권태신 전 경제정책비서관은 재정경제부에 근무할 때 한국유머를 영어로 구사하는 방법으로 국제협상 때마다 분위기를 주도했다.

협상이 위기로 몰릴 때마다 재치 있는 농담으로 분위기를 반전시켰다고 했다.

좌중을 휘어잡는 재담수준을 가진 사람들이 그 외에도 여럿 있다.

김진표 전 부총리 겸 교육인적자원부 장관, 황영기 전 우리은행장, 신창재 전 교보생명 회장 등 우리 주위에서는 많은 사람들이 "성공한 웃기는 사람"이라는 평가를 받고 있다.

헨리 와드피쳐는 "유머 감각이 없는 사람은 스프링이 없는 마차와 같다. 길 위의 모든 조약돌들이 삐걱거리게 된다."라고 말했다. 유머를 가진 사람들이 성공하게 된다는 사실이다.

- 처칠의 유머

의회에 참석했던 처칠 총리는 볼일이 급해서 화장실에 갔다. 그때 걸핏 하면 사사건건 시비하고 물고 늘어지는 노동당 당수가 먼저 화장실에 들어 와서 볼일을 보고 있었다.

처칠은 멀찌감치 떨어져서 볼일을 보았다.

멀리 떨어져 있는 처칠을 보고 있던 노동당 당수가
"총리! 왜 나를 피하십니까?" 하고 물었다.

이 말에 처칠은 이렇게 대답했다.
"당신네 노동당에서는 무엇이든지 큰 것만 보면 국유화해야 한다고 하니 피할 수밖에 없지요."

"내가 의무감과 신념에 의해 행동하고 있는 한, 어떠한 욕을 먹더라도 아무렇지도 않다. 해가 되기보다는 오히려 유익이 된다."
-윈스턴 처칠-

• 맹구니 사오정이니 하는 유머에 나오는 주인공들의 공통점은 멍청함이다.
이런 조크나 혹은 개그를 보는 사람들은 그들의 멍청함과 바보짓에 웃음을 유발한다.
상대방이 우월감을 갖도록 하기 위해서는 먼저 내가 망가져야 한다.

• 부시 대통령이 왜 사나운지 아십니까? 이름이 조지고 부시고 이니까 사나운 거지요.
클린턴이 망신을 당했는데 왜인지 아세요? 이름이 클린&턴

제8강 유머강의법 1 129

이면 깨끗하게 털어야 하는데 그걸 잘 못하니까 망신을 당하지요.

이렇게 상대방의 이름을 가지고 유머러스하게 소개하여 웃음을 유발하면 유머강사로서 한발 더 앞으로 나아가게 된다.

4. 유머경영은 성공의 지름길

- 금연 스티커가 곳곳에 붙어 있는데 이런 문구를 한번 붙여보면 어떨까? 하고 생각을 해 보았다.

"담배를 피우려면 숨을 내쉬지 마세요."

매우 유머러스한 표현이며 곳곳의 금연스티커보다 훨씬 효과적일 것이다.

"마음에 들지 않으면 카운터로 가지고 오십시오, 미소로 바꾸어 드리겠습니다." 라고 써 붙인 음식점도 있다고 한다.

- 미국의 사우스웨스트 항공의 기내방송 내용이다.

"승객 여러분, 담배를 피우고 싶은 분은 테라스에 나가서 피우시고 들어오십시오."

"세상에 비행기 밖에 무슨 테라스가 있어? 나가면 죽는데 말이야."

이렇게만 생각하는 사람이 있다면 얼마나 바보스러운 사람일까?

실제로 사우스웨스트 항공사는 기장이나 승무원 모두가 손님들의 마음을 즐겁게 해 주기 위하여 웃음을 유발하도록 만든다.

이러한 유머경영을 앞세워 30년 넘도록 흑자를 보았고, 어린이나 어른이나 시간이 좀 지연되더라도 웃음을 주는 이 비행기를 이용하고자 한다고 한다.

- 미국에서 성공한 경영전문회사의 CEO인 한국인 진수테리는 웃음으로 성공한 여성이다.
그는 미국에서 접시닦이로 일을 시작하였으나 지금의 그는 성공한 100대 기업인 중의 하나가 되는 영예를 가졌다.

샌프란시스코 시에는 7월 10일을 진수테리의 날로 정하였다.
전문 연설가라는 직함을 더 소중히 여기는 그는 대학이나 기업체, 모든 분야에서 펀(fun)경영을 강의하고 다닌다.
큰 사업체를 일으킨 오너들의 공통점은 그들 모두가 유머감각이 탁월하다는 것이다.

- 현대그룹을 일으킨 정주영 전 회장은 소 팔아서 가출한 것으로 유명하다.
가출 당시 무일푼이 된 소년 정주영은 서울로 향하는 길에 강

원도의 한 강을 건너게 되었으나 돈이 없었다.
배를 타야 하지만 돈이 없어 배를 몇 대 보내고 망설이다가 그냥 배에 올랐다.
내릴 때 돈이 없다고 말하자 뱃사공이 하는 말,

"돈도 없는 놈이 배를 타다니 에잇! (뺨을 힘껏 때리며) 요놈아 어떠냐? 공짜 좋아한 것 후회되지? 어서 내려 이놈아!"

정주영의 하는 말,
"네 후회되네요. 배 한 번이 뺨 한대라면 진작 탈걸 말이에요."
어린 소년의 말이라고는 믿기지 않을 정도로 어려서부터 마음의 여유와 유머감각이 컸으므로 훗날의 정주영은 호랑이니 불도저니 하는 별명을 얻게 되어 놀라운 유머 리더로서의 추진력으로 성공하게 된 것이다.

5. 유머에 웃어주는 매너를 갖자.

- 어떤 사람은 남의 유머에 잘 웃어 주고 별것 아닌 이야기에도 귀를 기울여주고 잘 들어준다.

반면에 부정적인 사람은 유머를 듣고 가능한 웃지도 않고 오히려 "네가 얼마나 웃기는지 보자." 하며 입을 삐죽거리며 쓴웃음을 짓는 사람도 있다.

적당히 표정의 변화를 주고 남의 유머에 잘 웃어주는 것이 유머나 강의를 듣는 예의라 할 것이다.

웃지 않는다면 웃을 때까지 기다릴 것인가?
"재미있지요? 재미없어요?" 라고 물어볼 것인가?
아니다. 재미있으면 웃지 말라고 통사정해도 웃게 된다.
프로 강사라면 이때에 재치 있게 빨리 다음 내용으로 넘어가야 한다.

웬만한 센스가 있는 청중이라고 판단이 선다면 화답해 주는 것을 기대하는 일이 현명하겠으나 전혀 반응이 없을 때에는 과감히 포기하고 넌지시 다른 주제로 넘어가는 순발력이 필요한 것이다.

그러나 한국인들은 잘 웃지 않으며, 조금만 지위가 올라가면 유머나 개그는 체면을 깎는 것으로 생각하는 경향이 있다.

- 미국의 엘라 휠러 윌콕스는
"웃는 사람에게는 복이 많이 온다. 한 번 웃으면
  한 번 젊어지고 한 번 화를 내면 한 번 늙게 된다.
  인생이 노래처럼 잘 흘러갈 때는 명랑한 사람이 되기 쉽다.
  그러나 진짜 가치 있는 사람은 웃는 사람이다.
  모든 일이 잘 안 흘러 갈 때도 웃는 사람 말이다." 라고 말했다.
  그러므로 웃자! 웃음은 그가 속한 가정, 직장, 사회에 행복을
  가늠하는 척도가 되기 때문이다.

- 독일사람, 영국사람, 한국사람이 재미있는 유머를 들을 때,
  독일인은 이야기 도중 웃고,
  영국인은 신사 체면상 이야기가 끝난 후에 웃고,
  한국인은 그 다음날 생각해보고 웃는다고 하니 우리의 웃음이
  얼마나 부족한가를 생각하게 한다.

6. 잘못된 유머는 독이 된다.

- 무고한 사람을 잘못 풍자하는 유머나 남녀의 성을 풍자한 저질 유머는 삼가해야 된다.
  상황과 장소에 따라, 상대가 누구냐에 따라, 유머는 적절히 사용해야 그 진가를 발휘하게 된다.

- 만약에 듣는 사람이 "이건 순전히 저질 코미디야, 천박하고 수준 아래의 농담을 하고 있구먼." 하고 생각한다면 그 유머는 그것으로 생명을 다 하는 것이다.
  무고한 사람을 끌어들여 바보로 만들어 유머의 질을 저질화하여 그 생명을 죽여서는 안 되는 것이다.
  유머는 멀쩡한 사람을 끌어들여 공격하고 바보를 만들어 버리는데 쓰이는 것이 아니다.

- 그리고 재미있어 하는 관중을 바라보면서 남녀의 성 문제를 풍자한 유머를 자주 사용하다 보면 강사의 질은 떨어지고 결국 강사의 생명은 줄어들 수밖에 없게 된다. (김진배 저 〈유머화술〉 참고)

- 비리혐의로 수사를 받던 남상국 대우건설 사장이 2004년 3월에 한강에 투신 자살을 했다.

노무현 대통령이 기자회견에서 "대우건설 사장처럼 좋은 학교 나오시고 크게 성공하신 분들이 시골의 별 볼 일 없는 사람에게 가서 머리 조아리고……." 라고 말한 지 겨우 2시간여 지난 후였다.

유머처럼 생각하고 한 말이 당사자에게는 치명적인 공격이 되었던 것이다.

- 웃음과 유머는 마치 바이러스처럼 주위에 빠르게 전염된다. 위기의 순간, 분노와 긴장의 순간, 유머와 위트로 썰렁하고 험악한 분위기를 일순간 바꿀 수 있다면 그 사람은 웃음과 유머의 능력을 최대한 활용하는 멋진 사람일 것이다.

- 유머의 힘은 크다. 사회생활에서 겪게 되는 서로의 갈등관계를 해소하는 윤활유 역할을 하는 것이 바로 유머이기 때문이다. 유머로 이루어지는 웃음은 인간관계를 원활하게 해 주고 건강을 증진하는데도 획기적인 효과가 있는 필수적인 요소라고 할 수 있다.

유머 리더십, 유머형 인간이란 말에서 알 수 있듯이 우리는 유머감각이 있는 사람에게 더 호감이 가고 유머감각이 있는 사람들은 어떠한 어려운 상황 속에서도 그 분위기를 부드럽게 바꿀 수 있는 재능을 갖게 된다.

7. 유머 속에는 따뜻한 정이 있어야 한다.

- 재미만 있다고 좋은 유머라고 할 수는 없다.

    요즘 재미를 북돋우기 위하여 저질유머를 사용하는 경우가 많다. 그러나 이러한 저질 유머들은 듣고 웃을 때는 재미가 있지만 자칫하면 그 유머에 중독되어 자주 사용하게 되므로 강사 자신의 유머의 질이 저하된다는 사실을 결코 잊어서는 안 된다.

- 유머에는 강사 자신의 교양이나 인격이 포함된다는 사실을 기억하면서 남을 비하하거나 조롱하는 것을 조심해야 하고 특히 종교적인 내용을 가지고 유머를 할 때는 나와 다른 타 종교를 비난하거나 무시하는 오해가 생기지 않도록 주의할 필요가 있다.

    유머는 자칫하면 남을 조롱하고 비꼬거나 마음을 상하게 하는 경우가 의외로 많을 수 있다.
    따뜻한 정이있는 유머는 인간관계를 부드럽게 하고 좋은 분위기를 연출하는 약방에 감초와 같다.

- 우리가 평소에 사용하고 있는 유머가 주로 부정적이거나 냉소적이거나 남을 얕잡아보고 깔보는 듯한 경향은 없는가? 그렇다면 우리의 유머는 유머의 참 뜻을 이해하지 못하고 전혀 잘

못된 방향으로 흘러가 듣는 사람의 기분을 좋게 하는 것이 아니라 불쾌하게 하므로 개선하도록 노력해야 할 것이다.

- 우체국에서 한 직원이 '하나님께 드리는 글' 이라고 쓴 편지봉투를 보고 전달할 길도 없고 궁금한 생각이 나서 뜯어보았다. 편지의 내용은 이러하였다.

"하나님, 저는 수십 년을 사는 동안 하나님께 단 한 번도 바라거나 요구한 일이 없었는데 지금은 급박한 일이 생겨서 10만 원이 꼭 필요하답니다. 믿는 자의 기도는 들어주신다고 하셨으니 믿고 기도합니다. 보내주실 수 있으면 참으로 감사하고 고맙겠습니다."

이 편지를 읽은 직원은 내용도 재미있고 사정도 안 되어서 동료들에게 이야기를 하고 1만원씩 9명의 직원들이 9만원을 모금하여 보내주었다.
며칠 후 "하나님께" 라고 쓴 편지가 도착하였다.
내용은 "하나님, 보내주신 돈은 잘 받았습니다. 정말 감사합니다. 그런데 앞으로는 저에게 직접 전해 주십시오. 빌어먹을 우체국 놈들이 돈을 빼돌려 9만원밖에 받지 못했거든요."

- 유머는 교육적이기도 하고 감동적이기도 한 이야기들이 좋다. 남을 풍자하되 개인이나 그가 속한 단체에 불쾌감을 주거나 비난하지 말고 따뜻하고 정감이 넘치는 유머가 좋다.

9강

유머강의법 2

성공한 명강사를 꿈꾸는 비결

8강 유머강의법 2

1. 유머활용의 중요성

• 강의에 유머를 활용하라.

(1) 유머는 타고난 능력이기도 하지만 배우고 익히는 연습이다.

(2) 유머를 통한 웃음이 스트레스 해소와 건강증진에 도움이 된다.

(3) 유머는 마음을 열게 하여 쉽게 다가갈 수 있는 능력이 된다.

(4) 유머는 긍정적인 사고를 갖게 하며 집중력을 높여준다.

(5) 유머는 상대의 기분을 좋게 해 주어 정보가 생생하게 기억되도록 한다.

2. 유머를 잘 선택하자.

- 급한 볼일이 있어 바쁘게 움직이는 사람을 붙잡고, "아주 재미난 이야기하나 있는데 듣고 가시지요?"라고 했다면 분위기가 이상해 질 것이 아닌가?
  아무리 중요한 이야기라도, 유머가 넘치는 이야기도, 타이밍이 나쁠 때는 성립될 수가 없다는 사실과 장소를 분별하지 못한 유머라면 역효과가 나고 분위기는 어색하게 변하고 말 것이다.

- 태평양을 항해하던 산타마리아호가 큰 파도와 함께 침몰하게 되었다. 사람들은 급하게 보트에 옮겨 타고 떠나게 되었는데 타고 가던 보트가 뒤집힐 위험에 처하게 되었다.

  정원이 10명인 보트에 13명이 탔으므로 문제가 생긴 것이다.
  3명이 자원해서 물로 뛰어내려 죽음을 선택하게 되었다.
  미국인이 "미합중국 만세!" 하며 풍덩,
  영국인이 "대영제국 만세!" 하며 풍덩,
  한국인이 "대한민국 만세!" 하며 풍덩,

  이렇게 세 사람이 물에 빠지고 10명이 남았으나 한국인은 살아 있었다. 이유가 무엇일까?
  한국인이 만세를 부르며 옆에 있는 일본사람을 밀었다.

• 이런 유머는 위안부 문제나 독도 문제로 일본인에 대해 심기가 불편한 우리민족에게 조금은 위안을 주는 유머라 할 수 있다. 우리가 흔히 사용하는 유머라도 그 속에 담긴 내용이나 풍자한 표현이 그 당시의 시사나 사회의 문제점을 유머러스하게 표현한다면 고급스럽고 더욱 교육적인 유머가 될 수 있다.

• 링컨의 유머

링컨이 대통령에 당선된 후 처음으로 상원의원들 앞에서 취임연설을 하게 되었다. 이때 거만한 한 상원의원이 링컨을 비하하는 한마디를 했다.
"여보시오, 링컨! 당신 같은 형편없는 신분으로 미국대통령이 된 것은 정말로 놀랄만한 일이요. 그러나 당신의 아버지가 구두수선공이었다는 사실은 잊지 마시오, 내가 신은 이 구두도 당신의 아버지가 수선한 것이요", 라며 비꼬았다.

한참을 눈을 감고 있던 링컨이 침묵을 깨고 눈물을 흘리며 말했다.

"참으로 고맙습니다. 한동안 아버지를 잊고 있었는데 아버지를 생각할 수 있도록 깨우쳐 주셨군요. 맞습니다, 저의 아버지는 완벽한 구두 수선공입니다.

혹시 여러분 중에 구두가 고장 난 분이 계시면 저에게 가져오십시오.

아버지에게 곁눈으로 배운 솜씨로 수선해 드리겠습니다. 물론 아버지 솜씨와는 비교가 안 됩니다. 아버지는 구두 예술가이셨고 저는 아버지를 지금도 존경합니다."

- 세계적으로 뛰어난 정치인들의 유머감각이 어렵고 냉랭한 정치의 현실 속에서 꼬이고 얽힌 실타래를 푸는 역할을 하기 때문이다.

따라서 비즈니스맨이나 자신의 삶을 적극적으로 살아가기 원하는 사람이라면 유머감각을 개발하고 기르는 것은 필수 요건이 되어야 한다.

3. 반복기법을 사용하라.

- 계속적인 반복에는 듣는 사람들의 관심을 집중시키는 효과가 크다.

마빡이가 자동으로 이마를 두드리는 모습을 상상만 해도 저절로 웃음이 나온다. 처음엔 저질개그로 치부할 수도 있지만 그러나 열 번 스무 번 계속하여 한계를 넘어선 반복을 하다보면 사람들은 웃을 수밖에 없다.

음악도 이러한 반복의 원리를 이용한 경우가 많다. 요즘 인기가 있는 난타 같은 경우나 개그 중에 도긴개긴이라는 유머가 바로 반복기법을 사용한 것이다.

- "야쿠르트 아줌마! 야쿠르트 주세요, 야쿠르트 없으면 요쿠르트로 주세요."
  같은 말을 반복하다보니 재미있는 유머가 된다.
  "5분 먼저 가려다 50년 먼저 간다."
  교통사고를 방지하기 위해 이런 문구의 표어도 같은 '5'와 '먼저'를 반복 사용함으로 유머의 반복원리를 사용한 예가 된다.

- 반복에 관한 예로 이런 경우가 있다.
  한 남학생이 있었다. 그 학생은 고2가 되면서 그 반에서 가장 공부를 잘하는 학생의 공부기법을 반복하는 것이었다.
  그 친구의 공부 잘하는 기법은 4당5락으로 4시간만 자면 합격이고 5시간을 자면 떨어진다는 것이었다.

그 학생은 친구의 방법을 따라 4당5락을 외치면서 밤에는 4시간만 잤다. 쏟아지는 졸음을 이를 갈며 참으면서 "참아야지, 참아야 한다. 합격의 그날까지…" 그의 머릿속은 온통 대학에 합격하여 캠퍼스를 누비는 환상을 하며 자신과의 약속을 지켰다.

드디어 시험을 치렀다. 며칠 후 발표가 났는데 떨어지고 말았다. (웃음)
이 학생은 친구의 방법인 4시간만 잠자는 것을 무작정 반복하고 부족한 수면을 학교에서 낮에 채웠던 것이다.
확실한 정보나 자신의 체질을 모르고 남의 방법을 반복하는 이야기에 청중은 웃음을 자아내게 된다.

- 아래의 김삿갓의 한시 외에 많은 시들이 한 글자를 두 번씩 나타내는 반복효과를 노린 매우 유머러스한 시가 많다.
  昨年九月過九月------지난해 구월에 구월산을 지나고,
  今年九月過九月------올 구월에 또 구월산을 지난다.
  年年九月過九月------해마다 구월에 구월산을 지나니,
  九月山光長九月------구월산 풍경은 언제나 구월이구나.
  김삿갓의 구월산 한시의 전문으로서 김삿갓의 유머러스한 반복효과가 여기에 나타나고 있다.

4. 과장된 표현과 행동을 보여라.

- 많은 개그맨들이 과장법을 사용하고 있다, 박준형이 무를 마치 칼이나 톱처럼 이빨로 써는 모습, 자기의 모습을 과장되게 분장한 모습, 과장하면 과장할수록 더 웃음이 나오게 되고 웃음을 유발하기 원한다면 지금보다 2%만 더 과장법을 사용하면 된다.

- 어떤 바보가 신발을 짝짝이로 신고 나왔다. 아버지가 아들에게,
 "얘야, 신발이 짝짝이구나. 집에 빨리 가서 바꾸어 신고 오너라."
 이 바보는 바로 집으로 달려갔다 왔으나 신발은 그대로 짝짝이었다.
 "얘야, 신발이 그대로 짝짝이 아니냐? 바꾸어 신고 오라고 했잖니?"
 "아버지, 집에 있는 신발도 짝짝이던데요."

어느 바보는 걸어가면서 "어허?" "후유!"를 반복하고 있었다. 왜 그럴까? 팔이 뒤로 가서 보이지 않으면 없어진 것 같아 "어허?"를 했고, 다시 앞으로 가면 없어지지 않았다고 안심이 되어 "후유!"를 했다.
정도의 차이는 있지만 정상적인 수준을 벗어난 이런 과장된

표현은 아주 재미있는 유머로 묘사가 된다.

- 어느 교회에 초청된 부흥사가 과장된 설교로 성도들의 흥미를 모으고 집중을 유도했다.
"제가 어느 집사의 병문안 심방을 간 일이 있습니다, 병의 회복을 위해서 간절히 기도했습니다.
그런데 목회자로서 제 자신이 얼마나 모자라고 부끄러운지 저 자신의 회개기도로 내용이 바뀌어가기 시작했습니다.

'하나님, 저는 목사의 자격도 없고 병을 고칠 능력도 없습니다. 사도 바울이 자신은 죄인 중에 괴수라고 말했지만 저는 더 흉악한 죽어 마땅한 죄인 중에 죄인입니다.

라며 울면서 기도했는데 얼마나 눈물, 콧물을 흘렸는지 병들어 누워있는 여 집사의 얼굴이 저의 눈물 콧물로 뒤범벅이 되어 누군지 형체를 알아보기 어렵게 되었습니다.
그래서 '그런데 이분이 누구시더라?' 하고 자세히 보면서 한참을 생각하게 되었습니다."

아무리 눈물, 콧물이 떨어져도 사람이 누군지 형체를 알아보기 힘들었다는 것은 아주 심한 과장이다.

그러나 이분의 설교에서 과장된 부분을 이야기하자 "와~"하고 웃음이 터져 나오고 청중은 그 부흥사의 말에 귀를 기울였다. 과장된 표현이라해서 누구하나 이상하게 생각하는 사람이 없다.

• 여자가 죽어서 저승을 갈 때 일평생 상대한 남자의 수만큼 바나나를 들고 가야 한다. 수녀들은 일평생 상대한 남자가 없어서 빈손으로 간다. 정숙한 여염집 부인들은 한 개씩을 들고 가고 화류계 여인들은 바구니로 들고 간다고 한다.

그런데 천하에 소문난 화냥년이라고 하는 바람둥이가 바나나를 양손에 달랑 두 개를 들고 갔다. 같은 동네 사는 아주머니가 평소 그 여인의 소행을 잘 알고 있는 터라 달랑 두 개만 가지고 가는 모습이 가증스러워 비꼬면서 한마디 했다.

"세상에 니가 화냥년인지 모르는 사람이 없는데 바나나를 달랑 두 개만 들고 가냐? 참으로 염치도 좋고 낯짝도 두껍다."

그러자 그 여자가 휙! 돌아서며 쏘아대듯 한마디 했다.
"아줌마! 왜 그래요? 이미 다섯 트럭 실어 보내고 떨어진 것 주워들고 가는 거예요."

- 미혼인 여성 지도자나 유명여성 인사들에게 인터뷰한 통계
 "당신의 남편감으로 어떤 남자를 원합니까?"
  - 건강한 남자,
  - 생활력이 있는 남자,
  - 종교가 같은 남자,
  - 자상한 남자,
  - 이해심이 많은 남자,
  - 돈이 많은 남자,
  - 안정된 직장이 있는 남자,
 중복적인 대답에 항상 들어가는 말은 유머감각이 있는 남자였다.

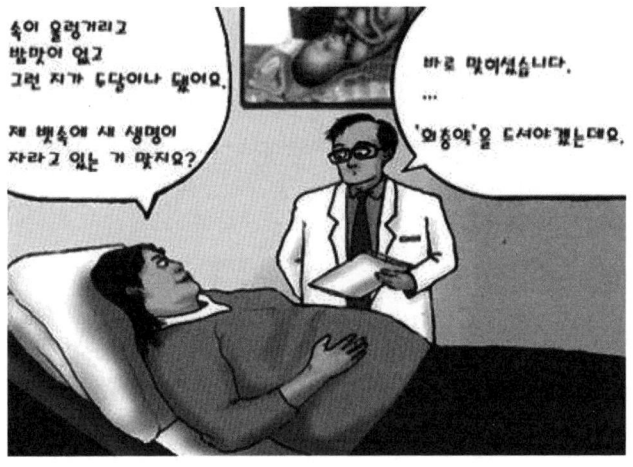

5. 유머는 배우면 된다.

- 많은 사람들이 '유머는 선천적으로 타고 나는 것'이라는 고정관념에 사로잡혀 스스로 개발하는 것은 아예 불가능한 것으로 생각하고 있다.

  그러나 적당한 교습과 훈련은 유머를 개발하고 만드는 큰 역할을 한다.

  단순한 말의 재치에서 벗어나 강의나 대화 속에서 적절한 유머를 사용하므로 보다 더욱 향상되고 흥미로운 강의를 할 수 있게 될 것이다.

- 유머는 비판적이기도 하지만 창조적인 생각을 북돋우는데 놀라운 효과를 발휘한다.

  과장된 표현으로 생각할 수도 있으나 제대로 성숙한 인격을 갖춘 많은 사람들이 유머감각이 뛰어난 경우가 많았고 반대로 인격적으로 미숙한 사람들에게서 유머감각이 부족한 경우를 많이 볼 수 있다.

- 유머와 재담이 책 몇 페이지 읽고 남의 이야기 몇 개 흉내 낸다고 하루 아침에 되는 것이 아니다. 틈틈이 책을 많이 읽어 지식을 습득하고 유머 소재를 발굴하여 메모해 두는 습관을 기르자.

또한 유머를 내 인생을 즐기고 남을 즐겁게 하는 보람으로 알고 갈고 다듬는다면 멋진 삶이 될 수 있다.

- 27세에 백만장자가 되었고 지금은 억만장자의 대열에 들어있는 폴 J. 마이어는 자신의 경험과 인간교육을 바탕으로 기록한 그의 저서 〈성공을 유산으로 남기는 법〉에서 무엇보다도 웃음을 유산으로 남기라고 강조하였다.
많은 사람들이 자식에게 재산을 유산으로 남기려 하고 있다. 그러나 재물은 안개와 같아서 어느 날 어느 순간에 아침 안개처럼 덧없이 사라질 수도 있다.
이 유머를 통하여 우리의 내면의 생각과 외적인 생각이 어떻게 다른지를 다시 생각하는 기회가 되면 좋겠다.

- 처칠의 유머
어느 날 처칠은 중요한 연설을 하러 가기 위하여 택시를 잡았다. 그러나 택시기사가 하는 말이
"죄송합니다. 손님. 다른 택시를 이용하여 주십시오. 저는 처칠의 연설을 들으러 가야 합니다."

기분이 좋은 처칠은 기사에게 1파운드를 주면서 가자고 부탁을 했다. 그러자 기사가 이렇게 말했다.

"그냥 타십시오. 처칠이고 개떡이고 돈부터 벌어야지요."

"돈을 잃는 것은 적게 잃은 것이다. 그러나 명예를 잃은 것은 크게 잃은 것이다. 더더욱 용기를 잃는 것은 전부를 잃는 것이다."
- 윈스턴 처칠 -

• 정치가의 냄새
농부와 은행가 그리고 정치가 세 사람이 산길을 가다가 길을 잃게 되었다.
한참을 헤매다가 간신히 허름한 집을 발견하고 하루 밤만 재워달라고 부탁을 했다.

"좋습니다. 그런데 우리 집은 너무 좁아서 세 분이 잘 방이 없으니까 두 분은 방에서 주무시고 한 분은 축사에서 주무실 수밖에 없습니다."
"제가 축사에서 자도록 하겠습니다." 하며 은행가가 자원했다.
얼마를 지나자 방문을 노크해서 문을 열어보니 은행가가 숨을 헐떡이며 "에구머니나 난 아무리 참으려 해도 그 지독한 냄새 때문에 숨도 못 쉬겠어요."

"좋습니다. 그럼 내가 거기서 자지요." 하며 농부가 들어갔다.

그러나 얼마 지나지 않아 그 역시 숨을 몰아쉬며 돌아왔다.
"나는 퇴비 썩는 냄새와 함께 살아 왔지만 저 냄새는 도무지 견딜 수가 없어요."

그러자 마지못한 정치가가 축사에 들어가게 되었다.
10여분 후 밖에서 요란한 소리가 들렸다.
두 사람이 나가보니 축사에 있던 짐승들이 모두 나와 지친 모습으로 헛 구역질을 하고 있었다.

- 우리나라는 이제 어디에 가도 자랑할 것이 많은 위대한 나라가 되었음은 누구도 부인하지 못한다.
6·25전쟁 후의 대한민국은 세계에서 가장 가난한 나라, 자기 동족끼리 전쟁을 한 나라, 이렇게만 알려졌던 대한민국은 이제 세계의 선진국들과 경쟁하는 살기 좋은 나라로 발전하였다. 정치도 옛날에 비하면 많이 발전했다고 말하지만, 많은 국민들이 정치인을 보는 눈은 그리 좋지만은 못한 것이 사실이다. 자신의 정치철학은 뒤로 한 채 당리당략에 묶여서 국민들의 요망이 무엇인지 헤아려보고 좀 더 성숙한 정치가들이 되었으면 하는 바람이 간절하다.

- 유머 리더십, 유머 형 인간이란 말에서 알 수 있듯이 우리는 유

머감각이 있는 사람에게 더 호감이 간다. 유머감각이 있는 사람들은 어떠한 어려운 상황 속에서도 그 분위기를 부드럽게 바꿀 수 있는 재능을 갖게 된다.

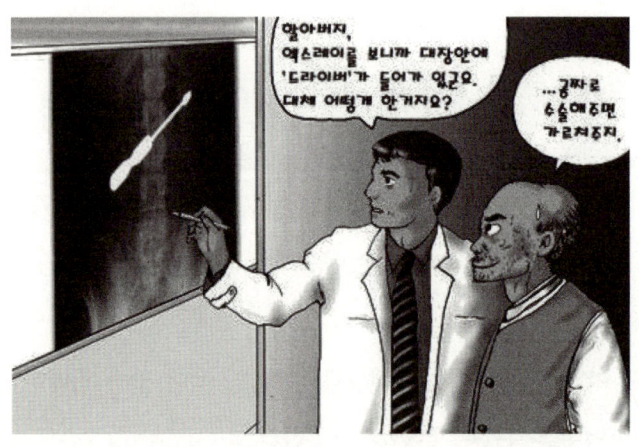

6. 자신의 삶에서 찾아라.

- 자신이 경험하고 웃겼던 사례에서 유머나 스토리를 찾으면 더욱 생동감이 넘치게 된다. 남자들은 군대이야기를 좋아한다. 그러나 여자들이 많은 모임에서 군대이야기는 금물이다.

나는 저녁에 학교 운동장에서 걷기 운동을 하며 웃음운동을 연결 지었던 일이 있다. 저녁이라 사람이 별로 많지 않아서 걸어가면서 손뼉을 치고 웃고, '나는 할 수 있다!' 라고 구호제창을 한다.

그런데 앞에 사람이 걸어오고 있다. 그러면 얌전하게 아닌체 하며 걷는다. 돌아보면 그 사람은 멀리 가고 없다. 그러면 다시 소리를 지른다. 왜냐하면 사람이 지날 때 소리를 지르면 정신 병원에 끌려 갈 수도 있기 때문이다. 이 소리를 듣는 순간, 청중은 웃음을 터뜨린다.

• 예화나 우화 속에서 자신의 삶과 연결 짓는 여러 가지 스토리나 에피소드 등에서 재미있게 각색하여 말한다. 자신이 겪지 않은 이야기가 어떻게 남의 마음을 움직일 수 있는가?

• 나이든 사람들은 흘러간 이야기를 좋아한다. 어린 시절 친구들과 어울려 사고치고 혼나고 망가졌던 자신의 고향이야기, 달동네 살면서 물이 없어서 아랫동네에 내려와서 물 길어다 먹던 일, 옆 동네 참외밭에 들어가 참외 서리하던 일, 이런 이야기가 나오면 너도나도 향수에 젖어 시간가는 줄 모른다. 이런 에피소드를 다듬고 만들어 강의에 사용하자.

• 예수님 말씀은 거의 대부분 자신의 삶과 연결 되었거나 청중들의 삶과 연결된 내용이었다. 그러므로 그분의 유머는 고급유머에 해당된다.

7. 100% 청중을 장악하라.

- "초7, 중10, 성15" 이 말은 사람이 강의를 들을 때 최대의 집중할 수 있는 시간, 즉 초등생 7분, 중학생 10분, 성인 15분이라는 말이다.

  이 시간을 초과하면 장난을 치든지, 졸든지, 다른 생각을 하든지, 시계를 보든지, 건성으로 듣는 체 하든지 한다.

  강사는 여러 방법을 써서라도 청중의 마음을 집중시켜야 한다. 강사가 평화를 느낄 때 청중도 평화를 느끼고, 강사가 분노를 느끼면 청중도 분노를, 강사가 은혜를 받으면 청중도 은혜를 받는다.

  그러므로 강사는 여러 방법을 사용하여 청중을 100% 장악해야 한다.

○ 뇌 속에 위치한 웃음보

- 큰 소리로 자주 웃는 사람에게 흔히 "웃음보가 터졌냐?"라고 묻는 일이 많다.

  그렇다면 우리 몸에 진짜 웃음보가 있는 것인가? 미국의 캘리포니아 의과대학의 이차크 프리드 박사는 1998년 인간의 웃음을 유발하는 뇌의 영역이 존재한다는 연구결과를 발표하여 세상의 이목을 집중시켰다.

16세 소녀가 간질수술을 받기 위해 병원에 입원했는데 프리드 박사는 간질 발작을 일으키는 부위를 찾던 중 대뇌피질에 전극을 부착하여 미약한 전기 자극을 주었다.

그러자 89개의 전극 중 뇌의 왼쪽 앞부분인 좌 전두엽에 위치한 전극에 전류를 넣자 갑자기 웃기 시작하였다. 이곳이 바로 왼쪽 대뇌의 사지통제 신경조직 앞에 있는 4cm^{2}정도 크기의 웃음보였다.

그 위치는 왼쪽 이마 옆 전두엽의 아래와 뇌 중간 윗부분이 겹치는 영역으로 이 부분은 이성적 판단을 하는 전두엽과 감정을 주관하는 변연계가 만나는 영역이며 신경전달 물질인 도파민이 가득 차 있다.

이 소녀는 전극을 삽입한 채 실험을 계속 했는데 자극을 할 때마다 웃음을 참지 못하였고 그 결과 소녀는 병에서 해방되었다.

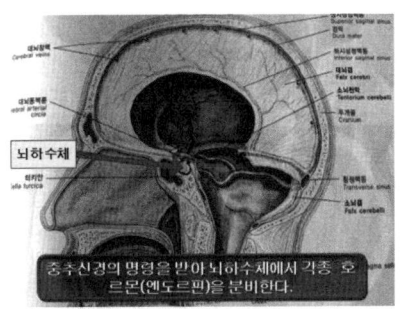

제9강 유머강의법 2

- 그렇다면 억지로라도 이 부분을 자극시켜 엔돌핀, 엔케팔린, 도파민 같은 물질을 만들도록 하여 건강한 몸과 긍정적인 마음을 만들어 우리의 생활을 건강하고 유쾌하며 웃음이 넘치도록 바꾸도록 해야 할 것이다.

- 반대로 화가 나거나 불평과 불만이 우리의 마음을 지배하고 있으면 무엇이 분비될까? 영국의 한 박사는 웃음의 효능을 연구하다 반대로 분노를 연구하게 되었다.

  어느 한 남자가 방에 들어가 밀봉하고 계속해서 화내는 말을 했다. 죽일 놈, 썩을 놈, 죽여 버릴 거야, 하며 욕설을 퍼부으며 화를 내며 그 숨을 모아서 액체로 급냉시켰더니 노란색 액체로 변했는데 이것이 스트레스 물질인 코티졸(cortisol)이라고 한다.
  연구 결과 한 사람이 한 시간 동안 화를 내서 나온 코티졸은 80명을 죽일 수 있는 독성물질이었다.

- 에어졸은 모기 잡는데 쓰이지만 코티졸은 사람 잡는데 쓰인다. 그렇다면 생각해 보자. 코티졸로 범벅이 된 우리 몸을 만들 것인가? 엔돌핀으로 가득 찬 몸을 만들 것인가?
  어느 것을 선택하느냐는 우리의 마음에 달려있는 것이다. 작은

실천이 우리의 몸과 마음을 건강하고 행복하게 해주며 갈고
닦은 습관이 삶의 열정까지 더하게 해준다.

○ 명 강의 성공 여부의 가늠자

(1) 청중들이 시계 볼 생각을 잊게 하라.
(2) 강의자는 결코 자아도취에 빠져서는 안 된다.
(3) 작은 것에서도 영감을 얻으라.
(4) 대상을 모두 만족시켜라.
(5) 첫 강의를 성공시켜라.

○ 유머소재의 발굴 7가지 비법

(1) 자신이 웃겼던 모든 것에서 찾아라.
(2) 편견과 모순을 찾아내라.
(3) 속마음이 무엇인지를 찾아내라.
(4) 직업과 기능별로 특징을 찾아 분류하라.
(5) 성공담과 실패담에서 찾으라.
(6) 상대의 관심이 무엇인지를 알고 찾아내라.
(7) 삶 자체에서 찾아내라.

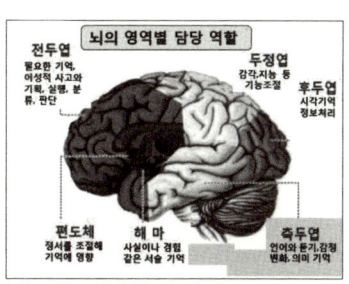

○ 유머 성공을 위한 10가지 지혜

(1) 따뜻한 인간애가 있어야 한다.

(2) 열정과 순발력이 필요하다.

(3) 자연스럽고 여유가 있어야 한다.

(4) 남의 유머에 잘 웃어주는 아량이 있어야 한다.

(5) 무고한 사람을 끌어들여 풍자하지 않는다.

(6) 사용한 유머를 같은 청중에게 반복하지 않는다.

(7) 상황과 대상에 맞게 사용해야 한다.

(8) 웃지 않으면 그냥 넘어간다.

(9) 상비유머 10가지 이상은 항상 숙지해야 한다.

(10) 끝마무리는 매끄럽게 한다.

10강

무대공포와 사투리 극복하기

성공한 명강사를 꿈꾸는 비결

10강 무대공포와 사투리 극복하기

무대에 서면 공포를 느껴 다리가 후들거리고 앞이 캄캄한 것은 무대에 자주 서는 대부분의 사람들이 겪는 필연적인 일이다.

유교적인 문화에서 자라난 우리나라 사람들은 개방되고 자유분방한 생활에 익숙한 서양인들에 비해 무대공포가 크게 마련이다.

그러나 보다 개방적이라는 미국사람들도 연구에 의하면 질병이나 사고, 죽음에 대한 공포 못지않게 무대공포가 더 큰 두려움이 된다고 말하는 사람들이 많다고 한다.

무대에 자주 서는 대 스타들도 무대공포증에 시달리는 경우가 많이 있다고 한다. 우리에게 널리 알려진 파바로티나 마이클 잭슨, 마돈나 같은 유명인들도 무대공포증을 느꼈다고 한다.

뿐만 아니라 어떤 유명가수는 공연장에서 무대공포를 이기지 못하고 노래의 가사를 잊어버리는 실수를 범하여 그 후로 더욱 심해진 공포증으로 20여 년 동안이나 라이브 공연을 하지 못했다고 한다.

그렇다면 이러한 무대공포증을 어떻게 극복하느냐가 관건이다. 많은 사람들이 이를 위하여 학원이나 교육단체에서 웅변이나 연설을 배우고 있다. 그러나 이것도 도움이 되기는 하지만 더 중요한 것은 현재의 자신의 위치를 만족하게 생각하고 남에게 자신을 드러내고 인정받아야 한다는 중압감만 버려도 무대공포증을 어느 정도 해결하는데 도움이 된다.

1. 무대공포를 줄이는 10가지 방법

(1) 내 말을 듣는 청중들에게 중요한 도움을 준다는 것에 너무 집중하지 않으므로 편안하게 다가간다.
(2) 자신을 남만 못하다고 비하하여 자신감을 스스로 꺾지 말라.
(3) 뭔가 잘못하지 않나? 하는 생각을 버리고 안정적인 마음으로 스토리에 집중하라.
(4) 할 수 있다는 자신감을 가지고 능력을 키우고 준비하라.
(5) 알코올이나 카페인 음료 같은 자극적인 것은 수분을 더욱 갈증을 유발하므로 멀리한다.
(6) 단전호흡이나 명상 등 심신을 이완시킬 수 있는 운동을 꾸준히 한다.

(7) 목소리를 단련하여 크게 말하는 연습을 계속한다.

(8) 청중은 적이 아니다. 그들이 편안하게 강의를 들을 수 있도록 배려한다. 그러면 청중으로부터 박수가 나오게 마련이다.

(9) 비록 부족한 구석이 있더라도 확신에 찬 자세로 청중 앞에 우뚝 서서 시선을 마주한다.

(10) 완벽하고 흠 없는 사람은 세상 어느 곳에도 없다. 실수는 누구나 할 수 있다는 사실을 받아들여라.

2. 무대공포의 원인

(1) 경 험

예전에 별로 준비 못해서 실수했던 경험이 떠올라서 미리 공포를 느낀다.

(2) 걱 정

해보지도 않고 미리 겁을 내는 상태로 무대에 서면 공포를 느낀다.

(3) 욕 심

무조건 잘 해야 한다는 욕심이 공포를 느끼게 한다.

(4) 열등감

열등감은 자신과 남을 비교하는 데서 생긴다. 말이 서툰 사람은 이 열등감이 작용하므로 무대공포의 원인이 된다.

3. 무대공포와 발표불안 극복법

○ 든든한 지원군이 바로 청중이다.

얼핏 보면 청중 앞에서 실수를 하면 비웃음거리가 된다고 생각하지만 청중은 언제나 박수를 치려고 준비하고 있는 든든한 응원군이다.

○ 자기 암시로 자신감을 가지라.

나도 할 수 있다는 자기암시로 자존감보다 큰 자신감을 가지고 청중 앞에 떳떳하게 우뚝 서라. 자신감이 무대공포를 극복하게 한다.

○ **생생한 이미지트레이닝을 한다.**

눈을 감고 발표장을 머릿속으로 생각하고 그려본다. 발표장에서 박수를 받으며 등단하는 자신의 모습과 발표가 자신의 의지대로 잘 되어 박수 받는 모습을 상상해 본다.

○ **발표 전 될 때 까지 리허설 하라.**

발표 전 예행연습을 통하여 발생할 수 있는 돌발상황을 미리 챙겨 보고 반복적인 연습은 자신감을 가지고 무대공포를 극복할 수 있게 하는 중요한 요인이다.

4. 무대공포를 극복하기 위한 준비

(1) 강의 전에 충분히 준비하므로 원고의 중요한 부분을 머릿속에 저장하므로 자신감을 가지고 임한다.
(2) 강의할 장소를 사전에 답사하고 문제는 없는지 확인하라.
(3) 자신감을 키우는 연습을 하여 자신 있게 나갈 수 있도록 준비한다.
(4) 자신의 강의에 매료된 청중들을 생각하며 미리 박수를 치며 자신에게 용기를 심어준다.

(5) 원고를 너무 암기하지 말라, 너무 암기하다보면 읽는 것처럼 되어 청중의 감동이 떨어지게 된다.
(6) 메모지를 준비하여 중요한 부분은 필기하여 사용한다.
(7) 자신의 몸이 잘 보이는 거울 앞에서 자신의 표정을 보면서 연습하라.
(8) 녹음기를 준비하여 자신의 강의를 녹음해보고 고쳐야 될 부분이 어디인지 확인한다.

5. 말이 씨가 되도록 만들자.

우리의 뇌는 상상과 실제를 잘 구분하지 못한다.
감사의 말, 좋은 말이 우리의 머리에 입력되도록 하자.
긍정적이고 자신감을 일깨우는 단어를 말하여 우리의 뇌에 입력시키자.

- 말대로 된다고 말하지 않던가? 말이 씨가 된다고 이야기하지 않던가?
  바로 긍정적인 말 한마디가 그 사람의 인생을 바꾸어 놓는다는 사실, 그리고 우리의 가정을 행복하고 웃음꽃 피게 하는 것은 긍정적인 말 한마디에 달려 있다는 사실을 잊지 말자.

- 성경에는 말의 중요성을 이렇게 기록하고 있다.

"의인의 혀는 천은과 같거니와 악인의 마음은 가치가 적으니라." (잠언 10:20)

"네 입의 말로 네가 얽혔으며 네 입의 말로 인하여 잡히게 되었느니라." (잠언 6:2)

우리가 내 뱉는 말 한마디가 자칫 스스로를 지배당하게 하고 망하게 할 수도 있고 자신감과 행복을 가져다 줄 수도 있는 것이다.

- 우리가 하는 말 한마디가 생각과 몸을 지배한다는 사실을 생각한다면 한마디의 말도 깊이 생각하고 다듬어서 좋은 말, 행복한 말을 많이 해야 할 것이다.

스트레스를 유발할 수 있는 단어나 자기 스스로를 비하하는 말 한마디가 우리의 마음과 몸을 망치게 한다.

우리는 말이 씨가 되게 하기 위해 자신감이 넘치는, 행복을 추구하는, 건강한 자신을 위해 좋은 말을 해야 한다.

말이 씨가 된다
- 우리의 뇌는 상상과 실제를 잘 구분하지 못한다.
- 감사의 말, 좋은 말이 우리의 머리에 입력 되도록 하자.
- 긍정적인 생각을 뇌에 입력시키자.

6. 자신감을 기르는 방법

- 말이 씨가 된다고 한다. 우리의 뇌는 상상과 실제를 잘 구분하지 못한다. 그래서 사실은 아니더라도 반복하여 한 말을 되풀이 할 때, 뇌에서는 반응을 일으켜 말을 한 방향으로 기분이 전환되는 것이다.

  강사로 강단에 서기 위해서 여러 가지 연습과 훈련이 필요하다. 이때 자신감을 일깨우는 자기칭찬 웃음법이 좋다.

- 이때 사용하는 단어, 자기칭찬 웃음법을 소개하면,

  "나는 내가 좋다."

  "나는 정말 내가 좋다."

  "나는 아무 조건 없이 내가 좋다."

  주먹을 불끈 쥐고 이렇게 구호를 외쳐보아도 좋다.

  "나는 잘 할 수 있다."

  "나는 꼭 성공한다."

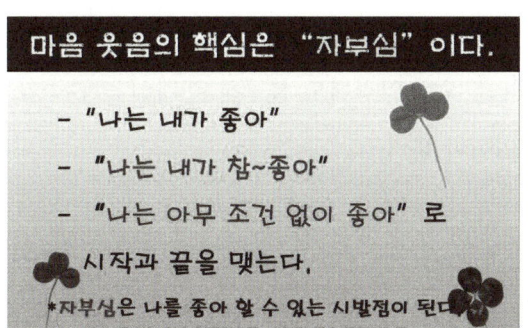

- 사람이 많은 곳이나 큰 소리를 내기 어려운 장소에서는 입 속으로 조그마하게 계속하여 중얼거린다.

  이렇게 반복하여 우리의 뇌에 자부심이 입력되도록 계속하면서 웃음을 반복하면 더 좋은 효과를 볼 수 있다.

- 내가 나를 사랑하는 애착이 아니면 자부심과 자신감을 갖기 어렵다.

  내가 나를 사랑하지 않고 내가 나를 좋아하지 않는다면 이 세상 어느 누가 나를 사랑하고 좋아한단 말인가?

이러한 자기칭찬은 자부심을 높여주고 어렵고 복잡한 인생살이를 활기차게 살아갈 수 있도록 자신감을 심어준다.

나를 칭찬하지 않고 남을 칭찬했을 때 마음에는 공허감이 크다.

이 세상에 완벽하고 흠 없는 사람은 아무도 없다.

누구에게나 흠이 있고 약점은 있다. 자신감과 진정한 자유를 얻으려면 많은 약점에도 불구하고 자신을 존중할 줄 아는 지혜가 있어야 한다.

"나는 너무 무능해. 나는 할 수 있는 것이 별로 없어. 나는 정말로 한심해." 라고 자신에게 너무 심하게 굴지 말자.
자신의 인생이 마음에 들지 않을 수도 있고 고쳐야 할 나쁜 습관도 누구에게나 있는 것이다.

그러나 우리는 아직은 미완성으로 조물주가 우리를 완성품으로 만들어 나가시는 과정 속에 살고 있는 것이다.
때로는 구겨지고 땅에 떨어져서 짓밟히고 살아도 나의 인생은 여전히 소중하고 귀한 것임을 알아야 한다.

우리 자신을 살펴보면 보잘것없고 쓸모없어 보여도 장점과 쓸모를 찾아보자. 수없는 장점들이 나올 것이고 그 장점들을 내 것으로 만들고 갈고 다듬어 나만의 독특한 인생의 지표를 삼아보자.

먼저 나를 칭찬하고 다음에 남을 칭찬하자.
이것이 내가 나를 좋아 할 수 있는 시발점이 된다는 사실을 잊지 말아야 내면에 숨어 있던 진정한 웃음을 이끌어 낼 수 있다.
내가 나를 50점짜리라고 생각한다면 남도 나를 50점짜리 이상으로 생각하지 않는다.
그렇다면 남이 나를 100점짜리로 여기게 하는 방법은 간단하다. 내가 나를 100점짜리로 여기고 100점을 주는 것이다.

우리가 나 자신을 생각할 때에 잘난 것도 없고 가진 것도 별로 없고 내놓을 만한 것이 없을 수도 있다.

그러나 내가 가지고 있는 매우 작은 나의 장점들을 한번 일일이 적어 보면 나에게도 꽤 많은 장점이 있음을 알게 된다.

그러므로 작지만 그 작은 장점들을 모아보고 깊이 생각해 보면 그것은 남에게는 없는 큰 장점들이 될 수 있는 것이다.

이것들을 생각하고 승화시켜서 웃음으로 자부심을 일깨워 자신감이 넘치는 나를 만들어보자.

머지않아 자신감이 생기고 나를 좋아할 수 있는 자부심이 넘쳐나는 자기 자신을 보게 될 것이다.

-자신감 찾기 웃음법-
- 나는 자신 있다!
- 나는 할 수 있다!
- 나는 정말 이길 수 있다!
- 나는 무조건 성공한다!
※ 아 하하하 하하하하 (15초 이상)

7. 사투리를 교정하는 방법

출신지역에 따라 묻어나오는 사투리, 그에 따른 말투나 억양을 고치고자 늘 고민하고 애쓰는 사람이 많다.

자신의 출신지역의 사투리를 사용하게 되면 친구들과의 사적인 자리에서는 별 상관없다고 보지만 비즈니스나 회사의 업무를 볼 때나 면접시험이나 어떤 발표를 해야 하는 상황이 왔을 때 많은 부담감과 함께 무대공포를 느끼는 경우가 많다.

- 어떻게 하면 나의 사투리를 감추고 보다 전문성 있는 강사로서 멋진 강의를 할 수 있을지 가장 핵심적인 몇 가지만 알고 시간을 가지고 인내하며 잘 연습하고 조심하면 어느 정도의 수준까지는 교정이 가능하다.

○ **무작정 표준어로 말하고 듣는다.**

표준어가 몸에 익숙하지 않고 자신의 몸에 배이지 않았다고 쉽게 포기해 버리는 경우가 많다, 사투리로부터 해방되고 표준어를 잘 사용하기 위해서는 표준어를 많이 듣고 많이 사용해야 한다.
서로 허물없는 사적인 자리에서 사투리가 나오기 쉽다.
그러나 드라마나 뉴스 등을 들으며 자신의 모든 역량을 발휘해서 노력하면 차차 표준어와 가까워지는 자신을 보게 된다.

○ **자신이 가지고 있는 목소리의 톤을 바꾸자.**

사투리를 사용하는 많은 사람들이 억양과 톤에 많은 문제점을 가지고 있다. 표준어를 사용하는 사람에 비해 높은 톤을 가지고 있기 때문에 목소리의 톤을 더 부드럽고 온화한 느낌이 들도록 바꾸는 것이 관건이다.
가장 먼저 교정해야 할 부분이 톤을 바꾸는 것이므로 호흡법과 발성연습을 통해 자신의 톤을 제대로 찾아 교정하고 다음의 단계로 넘어가야 한다.

○ **표준어 발음을 연습하라.**

사투리를 교정하려면 무엇보다 표준어 발음을 연습해서 '쌀'을 '살'로 발음한다든지 '우리의'를 '우리으'로 발음하는 등 표준어와 다른 사투리 발음을 하는 습관을 고쳐야 한다.

이러기 위해서는 각종 표준어로 기록된 책들을 읽으면서 교정하든지 아나운서들의 뉴스를 들으며 배워야 한다.
자신의 발음이 어디서 어떻게 잘못 되었는지 인지하고 고치기 위해서 노력하는 자세가 필요하다.

○ **인내심을 가지고 끝까지 노력하라.**

사투리 교정에 실패하는 사람들의 가장 큰 문제는 시간이 걸리므로 이것을 견디지 못하고 쉽게 포기하는 경우가 많다.
외국어를 배우려 해도 많은 시간과 노력이 필요하듯, 사투리교정에도 시간이 필요하다. 자신의 잘못된 사투리가 아무 노력 없이 쉽게 고쳐질 수는 없다.

인내하고 연습하며 표준어와 가까이 하면 어느새 표준어와 가까이 와 있는 자신을 보며 만족할 수 있다.

○ 자신의 억양을 평평하게 바꾸라.

억양교정, 사투리 교정에서 빠질 수 없는 부분이 억양교정이다.
대부분의 사투리는 억양이 들쭉날쭉하다.
이것을 느끼지 못하는 억양을 가지고 있다면 아무리 표준어를 듣고 톤을 바꾸고 노력해도 변하기가 어렵다.
자신의 억양을 너무 힘을 주어 높낮이가 심하게 되면 사투리교정은 어렵게 된다.
자신의 억양을 평평하게 펴주는 습관을 훈련해야 하며 책을 읽으면서 자신의 억양을 같은 톤으로 유지하며 평평하게 만들면 표준어를 사용하는데 훨씬 쉽게 다가갈 수 있다.

○ 경상도 사투리 모음의 잘못된 예

(1) 표준어인 '경제'가 경상도 사투리에서 '갱재'가 되는 이유는 (ㅕ) 발음을 (ㅐ)로 발음하고 있기 때문이다.
(2) 표준어인 '비켜라'를 '비키라'로 발음하는 것도 역시 (ㅕ)발음 대신(ㅣ)로 발음하고 있기 때문이다.
(3) 표준어 '왜'가 사투리에서는 '와'가 되는 이유는 'ㅙ'로 이중모음을 하지 못하고 (ㅘ)로 발음을 하기 때문이다.

(4) 표준어인 '너랑'을 '니랑'으로 발음하는 이유는 (ㅓ)를 발음을 하지 못하고 (ㅣ)로 발음하기 때문이다.

○ **충청도 사투리의 잘못된 예**
- 뱀에게 물렸대.-----------뱌암한태 물렸댜.
- 아니야.-----아녀.
- 뭐야?------뭐여?
- 기여? (하면서 끝을 올리면----'정말?' 하고 묻는 말이고)
- 기여, (라고 하면서 끝을 낮추면---'응' '맞어' '그래' 라고 하는 말이다.)
- 큰길에서 넘어졌다.-------신작로에서 자빠졌댜.

충청도 사투리 모음

- 그랬대	그랬댜	쌀 겨	딩 개
- 피곤해	피곤햐	계집애	지지배
- 가장자리	가생이	곱슬머리	꼬두머리
- 가깝다	가찹다	고 기	괴 기
- 가니?	가능겨?	공휴일	굉 일
- 가렵다	갈굽다	광주리	광우리
- 가운데	복 판	구린내	꾸룬내
- 간 장	지렁물	거 의	얼 추
- 고 삐	고뺑이	개 울	또 랑
- 개구리	깨구락지	구 멍	구 녁
- 고 삐	고뺑이	구 경	귀 경

- 각 표준어마다 다르지만 자음의 차이보다 모음의 차이로 인하여 사투리로 발음되는 경우가 많다.

  이런 경우 무조건 발음훈련을 하기 보다는 모음훈련에 집중하여 훈련을 하면 더 큰 효과를 볼 수 있다.

- 모든 스피치는 처음 어두를 길게 늘여주어 강조의 효과를 나타낸다. 그러나 모든 음의 길이를 똑같이 길게 늘어지게 말하면 지루하게 늘어지는 따분한 강의가 될 수 있다.

  반면 경상도 사투리는 계속해서 고, 저, 강, 약이 반복되므로 지루할 틈이 없다. 이렇게 반복하다보면 특유의 경상도 사투리가 나오게 된다.

  이럴 때는 말을 길게 끌지 않고 딱딱 끊어서 발음하는 것도 좋다.

- 아나운서는 표준말을 하는 직업이다. 어느 누구보다도 정확하고 명료하게 말해야 한다. 이런 아나운서의 말을 따라 흉내 내는 연습이 필요하다.

  이렇게 하다보면 불필요한 억양은 줄게 되고 핵심 단어에서는 높낮이를 조절해 주므로 전달하고자 하는 메시지를 보다 정확하게 전달할 수 있게 된다.

8. 입모양으로 사투리 바꾸기

- '아'에서 입모양을 조금 작게 오므리면 '어'로 변한다.
- '어'에서 입모양을 조금 더 작게 오므리면 '오'로 발음이 나온다.
- '오'에서 입모양을 앞으로 내밀면 '우'가 된다.

  이런 연습을 통해 자신의 발음을 교정하는 연습이 필요하다.

9. 아나운서의 말을 따라 하기

- 아나운서처럼 발음을 잘 하는 것을 목표로 삼고 매일 훈련을 하면 된다. 그러기 위해서는 먼저 나의 발음이 분명하지 않은 원인이 어디에 있는지 정확하게 판단하는 것이 중요하다.

  (1) 많은 사람들이 편하게 대충 발음을 하는 습관에 젖어있다.
  (2) 정확하게 발음하는 방법을 모르고 있다.
  (3) 대체적으로 너무 빠르게 말을 한다.
  (4) 목의 발성기관에 문제가 있다.
  (5) 우리의 말을 올바르게 발음하는 표준 발음법에 대해 잘 모르고 있다.

- 아나운서들이 정확한 발음을 하기 위한 훈련 방법으로는, 발음이 분명치 못한 경우는 하품할 때처럼 목구멍을 동그랗게 벌려서 발음을 하며 입을 크게 벌리고 큰소리로 또박또박 빠르게 말하는 것을 반복하여 연습한다.

- 입을 크게 벌리고 '가나다라마바사'/'아자차카파타하'를 반복하여 연습하며 코밑의 인중을 아래의 윗입술 쪽으로 뻗고 발음을 한다.

  쿠키, 위스키, 와이키키 등의 어려운 단어를 반복하여 발음하여 입 주위의 근육을 풀어준다.

- 다음은 혀 운동을 해보자. '산에서 새들이 쪼르르르 날아왔어요.'

  쪼로로로롱, 쪼로로로롱,

  '들에서 새들이 포르르르 날아왔어요' '호로로로롱, 호로로로롱, 이런 낱말을 계속해서 반복 발음하면 발음이 명확해진다.

- 자신이 한 발음과 표준 발음을 비교해보자.

  '날씨가 참 맑다. --- 모처럼 맑게 갠 날씨다.'
  '날씨가 참 맑다. (막다) --- 모처럼 맑게 (말께) 갠 날씨다.'
  '꽃을 살까? --- 닭을 살까?'
  '꽃을 (꼬츨) 살까? --- 닭을 (달글) 살까?'
  '값을 치르고 나서 나는 부엌으로 향했다.' --- '값을 (갑쓸) 치르고 나서 나는 부엌으로 (부어크로) 향했다.'
  아나운서처럼 말을 잘하기 위해서는 첫째도 훈련 둘째도 훈련이다.

11강

무대 매너와 의복

성공한 명강사를
꿈꾸는 비결

11강 무대 매너와 의복

1. 매너와 에티켓의 차이

에티켓 : 우리의 일상생활에서 꼭 지켜야 할 최소한의 규범과 예절.

매너 : 꼭 지키지 않아도 되지만 사람과 사람 사이에 품위와 품격 있는 생활 행동 방식.

2. 사회에서의 친절과 매너

(1) 항상 미소 지어라.

(2) 상대에게 친절하라.

(3) 남을 배려하라.

(4) '고맙습니다.' '감사합니다.'를 입에 붙여라.

(5) 머리를 단정하게 하라.

(6) 옷은 깔끔하게 입어라.

(7) 자세는 반듯하게 하라.

(8) 인사와 악수를 세련되게 하라.

(9) 목소리를 단련하라.

(10) 효과적인 커뮤니케이션을 하라.

3. 친절(親切)의 정의

대하는 태도가 정겹고 매우 고분고분함.

- 그릇이 큰 사람은 남에게 호의와 친절을 베푸는 것으로 자신의 기쁨을 삼는다.

- 그리고 자신이 남에게 의지하고 호의를 받는 것을 부끄러워 한다.

- 내가 베푸는 친절은 내가 그 사람보다 낫다는 얘기가 되지만 남의 친절과 호의를 바라면 내가 그 사람만 못하다는 증거가 된다. -아리스토 텔레스-

- 웃는 얼굴은 상대를 즐겁게 한다.
  - "웃는 얼굴에 침 뱉지 못 한다"는 속담이 있다.

상대가 밝고 환하게 웃는데 화난 얼굴로 상대의 감정을 무너뜨리는 사람은 별로 없다는 얘기다.
오히려 상대방의 미소에 전염되어 그 사람도 즐거운 미소를 띠게 된다.
유창한 말보다 더 큰 힘을 지닌 것이 바로 미소다.
많이 웃으면 웃을수록 에너지가 생기고 면역력이 쑥쑥 올라간다. 누군가를 만났을 때 가장 먼저 해야 할 일은 미소 짓는 것이다.

- 북미의 산미치광이라고 불리는 호저는 온 몸에 3만 여개의 뾰족한 가시로 상대방을 찌르기 때문에 혼자 사는 미운 털이 박힌 동물이다.
서로가 우정을 나누려 해도 상대방의 가시가 찌르기 때문에 가까이 할 친구가 없다.
우리의 마음에 미운 털을 뽑고 친구를 만들자.

4. 예절에 관한 명언

- 사람이 사람다운 것은 예의가 있기 때문이다. 얼굴과 몸을 바르게 하고 말소리를 순하게 하라. -소학

- 만약 남이 나를 중하게 여기기를 바란다면 내가 먼저 남을 중

하게 여겨라. -성경

- 군자가 예절이 없으면 역적이 되고 소인이 예절이 없으면 도적이 된다. -명심보감

- 부부간의 화목도 사랑 만으로는 부족하며 예절 있는 행동이 수반되어야 한다. - 알랭

- 예의란 자기 자신을 비추는 거울이다. -괴테

5. 고객에게 하는 인사법

- 고객이 왔다가 갈 때 흔히 "안녕히 가십시오." 또는 "또 오십시오." 라고 말한다.
그러나 더러는 "가세요." 라고 말하는 경우를 종종 본다.
그러나 "가세요."라는 인사는 아랫사람에게 가볍게 하는 인사이지 정중한 인사라고는 볼 수 없다.
인사말 한 마디도 예의를 갖추어 해야 한다.

○ 말 한마디가 천냥 빚을 갚는다.

- "여보! 밥 안 줄 거야!" 라고 말한다면 시비조다. "여보! 밥 먹읍시다." 로 바꾸도록 하자.

- 뉴스에 최경주가 상금 10만불 받았다고 방송.
 "여보! 10만불이면 우리 돈 얼마야?"
 "아니 어떤 사람은 10만불 벌기도 하는데 당신은 그거 계산도 못하냐?

- 친구가 천만 원짜리 장롱을 2백만 원에 샀다고 자랑.
 |긍정적 친구| "어머! 잘 샀다, 나도 좀 알려주지 너 혼자 샀냐?
 |부정적 친구| 여기저기 살펴보다가 "얘! 여기 흠이 있잖니?"

• 일본의 '에모토 마사루'라는 학자는 〈물은 답을 알고 있다〉라는 그의 저서에서 컵에 떠 놓은 물을 보고 긍정적인 좋은 말을 한 물과 부정적이고 듣기 거북한 욕설을 한 물을 따로 놓고 실험을 했다.

결과 긍정적인 말을 들은 물은 육각의 형태를 띠운 아주 좋은 물로 되어 있었고 듣기 거북한 부정적인 물은 깨어지고 결정을 만들지 못한 아주 하급의 물로 변해 있었다는 연구 결과가 발표되었다.

○ **부자 12대를 이어온 경주 최 부자 집 6훈**
 (1) 과거를 보되 진사 이상의 벼슬을 하지 마라.
 (2) 만석 이상의 재물은 사회에 환원하라.
 (3) 흉년 기에 땅을 늘리지 마라.
 (4) 과객을 후하게 대접하라.
 (5) 주변 100리 안에 굶어 죽는 사람이 없게 하라.
 (6) 시집 온 며느리는 3년간 무명옷을 입어라.

 • 부자 3대 못 간다는 옛말이 있다.
그러나 경주 최 부자 집은 권력과 명예와 재물, 이 세 가지를 겸해서 갖지 말라는, 즉 욕심을 부리지 말라는 나눔의 철학을 실천함으로 당시대의 귀감이 되었고 노블리스 오블리제를 실천하여 많은 사람들의 존경을 받으므로 부자 12대를 이어올 수 있었다.

○ 아스토리아 호텔 지배인 이야기

• 작은 친절로 성공한 이 사람을 아십니까?

어느 날 필라델피아에 있는 작은 호텔에 행사로 인해 호텔마다 만원이라 묵을 곳이 없다며 도움을 요청하는 노부부가 들어섰다.

이 호텔의 야간 종업원 조지 볼트는 "여기에도 객실은 없지만 제방이라도 괜찮다면 조금 불편하더라도 쓰십시오." 라고 선선히 응대하였다.

이 종업원의 친절한 태도를 눈여겨본 다음날 아침 종업원의 주소를 적었다. 그가 바로 1976년 1900개의 객실을 갖춘 뉴욕의 아스토리아호텔의 경영인 존 제이콥 아스터였다.

그는 작은 친절을 베푼 이 야간종업원을 전격적으로 호텔의 총 지배인으로 삼았다.

- 유머의 적절한 구사는 강사라면 그의 운명을 좌우하게 되는 중요한 부분이 될 것이다. 설교자, 교수, 교사, 인도자 등은 대표적인 유머를 사용해야 하는 강사라고 할 것이다.
야구에서 홈런이 중요하듯이 강의에서는 유머는 선택이 아닌 필수라고 해야 할 것이다.

○ 유능한 리더는 미소가 넉넉한 사람

- 어느 벤처기업의 사장은 출근하면 자기 사무실로 가지 않고 먼저 생산 라인을 둘러보고 다음 부서별 사무실을 들른 후 자기 사무실로 간다고 한다.
"우리 가족들을 보는 것은 당연하죠. 미소 띤 모습으로요."

- 잔소리보다 미소 띤 얼굴로 "안녕하세요." 또는
"반갑습니다." 라는 말 외에는 하지 않는다.

- 전문기관기업평가에서 사장의 미소가 생산성을 향상시키는 중요한 요인 중 하나인 것으로 나타났다.

6. 인사의 종류

- 15도 인사   (목례) 협소한 장소나 가까운 지인을 만났을 때, " 무엇을 도와드릴까요? 하는 봉사의 마음 표현.

- 30도 인사   (보통례) 일반적인 경우의 인사, "어서 오십시오" 하는 환영 인사, "안녕히 가십시오." 하는 재회를 바라는 인사.

- 45도 인사   (정중례) 감사의 인사, 반성의 인사, "감사합니다." "죄송합니다." 상대의 눈을 보며 미소 짓는 표정으로 등과 목을 반듯이 펴고 허리부터 숙이고 잠시 멈춘다.

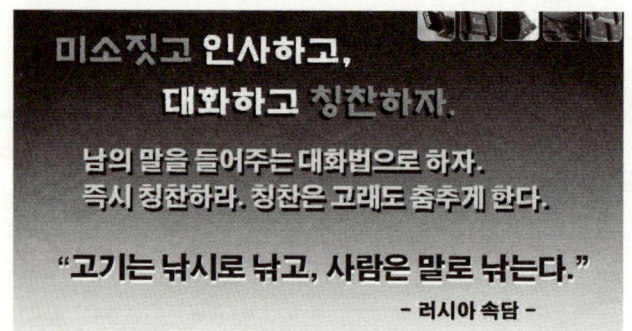

12강

비주얼(Visual) 스피치

12강 비주얼(Visual) 스피치

1. 강력한 도구 제스처(Body language)
○ 강단 자세의 기본

- 바른 자세는 긍정적 이미지를 준다.
  조금만 떨어져 있어도 강사의 몸 전체가 보인다. 청중 앞에서의 적절하고 바른 제스처는 청중의 호감을 사게 된다.

- 자연스러운 움직임으로 청중의 부담을 덜어주자.
  숙달된 강사는 강의 중에 자연스럽게 몸과 얼굴이 움직인다. 그러나 무대공포가 있는 사람은 말은 그럴듯하게 하지만 몸은 경직되어 움직이지 않는 경우가 많다. 자연스럽게 움직일 필요가 있다.

- 적극적이고 풍부한 표정을 연출하라.

    청중들의 시선이 가장 집중되는 곳은 얼굴이다, 얼굴표정은 상황별로 각종 메시지를 전달한다.

    강사와 청중이 가장 교감할 수 있는 것은 바로 눈 맞춤이다, 자연스럽게 눈 마사지를 하자.

- 청중과 눈 맞춤으로 교감하라.

    청중들에게 따뜻한 표정으로 바라보면서 서로 간에 교감을 형성할 때, 스피치의 효과는 증대하게 된다.

- 깨끗하고 세련된 옷을 입자.

    좋은 옷은 아니더라도 깨끗하고 잘 정돈된 옷차림은 청중에 대한 존경심을 나타내고 기본적인 예의가 됨을 잊지 말자.

- CD로 음악을 듣는 것과 현장에서 듣는 음악의 차이는 엄청나다. 그 결정적인 이유는 비주얼에 있다. 관객들은 귀로는 음악을 들으면서 시선은 열정적으로 지휘하는 지휘자나 단원들을 본다.

    그들의 모습을 보면서 귀로 음악을 들을 때 더욱 생생하고 감동적인 음악이 된다.

- 오바마는 그가 대중 앞에 서면 손을 놀도록 가만 두지 않는다. 지휘자가 지휘봉을 쳐들 듯 두 손을 들고 청중을 지휘하기도 하고 손가락을 세우기도 하며 두 손을 모으기도 하고 청중을 향해 손과 발을 움직인다.

- 제스처는 말을 포장하기도 하지만 청중들에게 신뢰를 주는 도구가 된다. 스피치 제스처는 강사, 연기자만 하는 것이 아니라 누구나 스피치를 할 때 자연스레 나오게 된다.
동네 아줌마들이 몇 사람 모이면 수다와 함께 제스처의 달인이 된다. 그런데 무대에 세우면 제스처를 잊고 얼어붙어 버린다.

- 특히 정치인이나 공무원들이 무대에 서면 거의 손도 다리도 움직이지 않는다, 스피치에도 음악처럼 콘텐츠에 따른 자연스러운 강약이 있어야 한다. 스피치에 제스처가 따르지 못하는 사람들 대부분은 말에 강약이 없다. 말에 힘을 싣고 강약을 실행하면 저절로 제스처가 이루어질 수 있는 것이다.

- 박진감과 아울러 생동감이 넘치는 에피소드를 청중들에게 전달하려면 목소리만으로는 부족하다. 이때 꼭 필요한 것이 제스처다, 제스처를 쓰면 강사의 말이 청중의 귀를 통해 청중의 마

음을 움직이고 이해가 잘되어 지루해 할 틈이 없이 감동과 설득으로 이어진다.

○ 제스처 기법

(1) 팔 전체를 사용한다.

(2) 크기나 사용빈도는 상황에 따라 다르게 한다.

(3) 내가 한 말과 제스처의 타이밍을 맞춘다.

(4) 크고 분명하게 한다.

(5) 내용과 스피치의 흐름에 맞게 변화를 한다.

(6) 손을 많이 사용하고 다양하게 발도 사용한다.

2. 표정과 시선

- 청중들은 말보다 표정에 더 신경을 쓴다.
  강의를 할 때 강사의 몸짓 언어는 중요한 역할을 한다. 그중 가장 중요한 것은 강사의 표정이다. 무표정 한 채 말을 하면 콘텐츠 전달이 매끄럽게 되지 못한다.

- 발레리나 강수진 씨는 피멍이 들고 일그러진 발로 유명하다. 오랜 세월 동안 그는 얼마나 연습을 하고 노력을 했는지 많은 사람들의 귀감이 되고 있다. 그는 이렇게 말한다.

  "저를 성장시킨 세월이 저는 무척 소중합니다. 예전에는 잘 되지 않던 동작과 섬세한 표정연기를 지금은 할 수 있으니까요." 발레의 완성은 그의 섬세한 표정으로 관중과의 커뮤니케이션을 이루는데 가장 중요한 도구가 되었다.

- 바이올린 연주자들의 모습을 보면 그 표정에서 슬픈 일을 당한 고통스런 표정과 금방 발랄한 어린 소녀처럼 표정을 지으며 연주함으로 연주하는 본인도 그 음악에 심취할 수 있고 듣는 관중도 쉽게 감동의 도가니에 빠지도록 만든다. 표정이 감동으로 이어지는 것이다.

- 강의를 잘 하려면 표정은 정말 중요하다. '말만 잘 하면 되지, 표정이 무슨 상관이야.' 라고 생각한다면 큰 실수를 범하는 것이다. 많은 사람들이 말보다 표정에 더 신경을 쓴다. 기쁜 이야기를 할 때 정말 기쁜 표정을 짓는지, 슬픈 이야기에는 정말 슬퍼 보이는지 관중들은 강사를 평가하고 있다.

- 강의 도중에 엄숙한 내용이 아니라면 밝고 환하게 웃는 표정이 좋다. 질문을 받을 때도 온화하게 미소를 지으며 고개를 끄덕이면서 들어주어야 관중과의 교감이 이루어진다.

- 청중에게 콘텐츠에 맞는 눈빛을 보내자.
  입으로는 웃고 있으나 눈은 웃지 않는 경우가 많다. 입 외에 표정을 좌우하는 것은 눈이다. 상대방에게 관심과 사랑을 나타내는 표정은 바로 눈웃음이다, 눈을 보면 자식들의 말이 거짓말인지 참말인지 부모들은 금방 알아낸다. 입으로만 웃지 말고 눈을 지그시 하며 웃음 짓는 습관을 길들이도록 하자.

- 사람들은 상대방의 말에 입과 눈이 일치할 때 진실임을 느끼게 된다. 사람을 만났을 때 반가운 사람이면 눈빛이 광채가 난다, 반면 반갑지 않은 사람을 만났을 때 '반가워요,' 라고 말은 해도 눈은 '왜 왔어,' 할 때 금방 알아본다. 눈빛은 상대방을 절대로 속이지 못한다.

- 훌륭한 강사는 콘텐츠에 따라 때로는 이글이글 타오르는 눈빛으로, 어떤 부분에서는 희망에 가득 찬 눈빛으로, 또는 아주 슬픈 눈빛을 보낸다. 그러나 눈이 제대로 표현을 하지 못하면 관중은 금방 알아차린다.
'저 사람 대충 말하고 있구나.' '지금 건성으로 말하는구나.'

- 눈빛은 일명 시선 마사지라고도 말한다. 따뜻한 눈길 한번으로도 마사지를 받는 느낌을 받게 된다. 청중과 시선 마사지를 하면 광합성 작용에 의해 새싹들이 파릇파릇 돋아나 청중들의 마음을 움직인다.

- 악수할 때도 손을 가볍게 잡으면서 상대방의 눈을 보고 웃는 것이 기본적인 매너다. 고개 한 번 까딱하며 눈 한 번 맞추는데 1초면 넉넉하다, 그러면 짧은 악수지만 마사지처럼 느껴지면서 마음이 풀어진다.

- 스피치를 할 때에도 50명이 있든, 500명이 있든 마찬가지다. 여러 개의 집단으로 나누어 상하좌우로 시선을 돌리면서 시선 마사지를 한다. 절대로 사각지대를 만들면 안 된다. 한군데만 바라보며 강의를 하다가 오해 받는 경우도 많이 있다. 2층에 있는 사람도 외면하면 안 된다. 더러 2층에 있는 사람에게도 관심을 갖자.

- 목 운동하듯 고개만 돌려도 안 된다. 시선을 나눌 때는 눈과 목만이 아니라 몸도 따라 움직여야 한다. 고정된 마이크가 아니면 조금씩 몸을 움직이며 걷는 것도 좋다.

○ 심리적인 공간언어의 거리
  1. 친밀한 관계의 거리 (15~45센티)
     연인이나 가족과 같이 허물이 없는 자리.
  2. 개인적인 거리 (45센티~1.2미터)
     팔을 뻗으면 닿을 수 있는 거리로 다른 존재와의 사이에 유지하는 작은 보호영역.
  3. 사회적인 거리 (1.2미터~3.5미터)
     공식적인 회의나 의사결정을 위해 말할 때 들을 수 있는 거리.
  4. 공적인 거리 (3.5미터 이상)
     강의나 연설을 들을 수 있는 거리, 목소리를 높여 이야기하는 거리.

3. 손은 제2의 목소리

- 강의를 하는 사람들이 가장 어려워하는 것이 손을 어떻게 처리하느냐 하는 문제다. 많은 사람들이 여럿이 둘러앉아 대화를 할 때는 손을 자유자재로 움직이다가 무대에만 서면 꼼짝 마, 자세로 굳어버리는 경우가 흔하다. 더구나 핀 마이크를 쓰게 되면 손을 어떻게 처리해야 할지 곤혹스럽게 생각하는 사람들을 볼 수 있다.

- 심지어 어떤 사람은 주머니에 손을 넣고 질문을 할 때도 손은 주머니에 넣은 채로 턱으로 끄덕이며 가리키며 말하는 시건방진 사람도 있다. 기업의 임원 정도 된다면 이런 프레젠테이션이 중요함을 깨닫고 완벽한 퍼포먼스를 준비해야 함을 잊지 말아야 한다.

- 손을 주머니에 넣고 말한다면 청중들을 무시하는 행위나 다름이 없다.
  '너희들이 안 들으면 어쩔 건데?' 라는 마음을 무언의 행위로 나타내는 행동인 것이다. 그런 태도로는 미소를 짓고 눈 마사지를 해도 몸짓 자체가 교만하게 보일 수 있어 부정적 이미지를 주기 쉽다.

- 몸짓언어 가운데 우리가 좋지 않게 보는 세 가지가 있다. 바로 턱으로 가리키는 행위, 손가락으로 상대를 지적하는 행위, 주머니에 손을 넣는 행위다. 주머니에 손 넣는 행위가 계속된다면 주머니를 꿰매버리자.

- 손님들을 환영하는 몸짓언어로는 청중을 향해 손바닥을 펴면서,
"여기에 참석하신 여러분들을 진심으로 환영합니다."라고 말해야 하고 무엇인가 중요한 일을 강조할 때는 검지를 위로 세우면서 "오늘 우리가 가장 중요하게 생각할 점이 무엇인지 아십니까?"라고 해야 한다.

- 손을 사용하면 효과가 배가 된다.
말할 때 손을 사용하면 효과가 두 배 이상 높다. 손 못지않게 어깨, 허리, 등, 다리도 어떻게 움직여야 하는지 연구하고 실천해야 한다. 특히 강조해야 할 부분은 허리를 약간 숙이고 손을 뻗으며 말하는 것이 훨씬 더 설득력이 있어 보인다.

- 몸짓언어는 스피치의 내용과 잘 맞아야 한다. 느긋한 내용인데 손을 빨리 움직여도 안 되고 별로 중요하지 않은 대목에서 자꾸 허리를 숙여도 청중들이 부담을 느끼게 된다.

- 본드로 몸을 강단에 딱 붙여놓은 것 같이 부동자세로 한 발짝도 움직이지 않는 강사가 더러 있다. 물론 부동자세도 필요한 부분이 있다. 아주 신중한 이야기를 할 때 너무 움직여도 안 된다.
"여러분, 저와 함께 이런 생각을 한 번 해보면 어떨까요?"
이런 이야기는 마치 사색이라도 하는 듯, 한 발 두 발 천천히 걸으며 이야기를 하면 청중과 더 친근하게 교감을 나눌 수 있다.

13강 상황별 스피치

성공한 명강사를 꿈꾸는 비결

13강 상황별 스피치

즉석 스피치는 강사의 성품이나 인격, 품격을 드러내는 아주 중요한 순간이다. 갑자기 아무런 준비 없이 남들 앞에 선다면 당황하지 않을 수 없다.

그러나 즉석에서 말하기가 어렵다고 하지만 훈련하고 갈고 다듬으며 하고 또 하다보면 실력은 일취월장 한다. 누구나 연습을 통하여 자신을 갖게 되면 스스로를 믿게 되고 믿는 만큼 말을 잘 하게 된다.

1. 자기 소개하기

스피치는 크게 둘로 나눌 수 있는데,

스탠딩 스피치(standing speech) - 서서하는 자기소개, 강연 등.

싯다운 스피치(sit-down speech)-앉아서 하는 대화로 구분한다.

- 보통 많은 사람들이 앉아서 하는 싯다운 스피치는 별 부담을 느끼지 않고 잘한다. 기본적으로 주부들은 싯다운 스피치의 달인들이 많다.
그러나 말 잘하고 잘 떠들기로 소문난 철수엄마도 학교 어머니회 모임에서 자기소개를 하는데 긴장하여 말을 더듬는다.

- 잘도 떠들던 사람이 사람들 앞에 서기만 하면 머릿속이 새하얘지고 어떤 말을 먼저 하고 나중 해야 하는지, 시간은 얼마나 해야 할지 자세도 손도 어떻게 처리해야 할지 모든 것이 어렵고 어색하다.

- 누구나 스탠딩 스피치를 해야 할 순간이 있다. 특히 자기소개를 하는 경우가 가장 많으므로 자기소개는 스탠딩 스피치의 필수과목이다.
꼭 공식적인 모임이 아니더라도 회식이나 술자리에서 갑자기 누군가를 지목해서 자기소개를 강요당하는 경우도 많다. 마지못해 준비 없이 하는 자기소개는 대개 이렇다.

"안녕하십니까? 만나 뵙게 돼서 반갑습니다. 이 모임에 부족한

제가 들어올 수 있게 돼서 기쁘게 생각합니다. 저는 말 주변이 없어서 말을 잘 못하는데 앞에 나와 서니까 더 떨리네요, 열심히 하겠습니다. 잘 도와주시기 바랍니다."

- 어떤 사람은 자신을 너무 상세하게 드러내어 자신의 신상명세서를 구구절절 밝히는 경우도 있다. 자신의 온갖 히스토리를 이야기해야 하는 것으로 착각하는 사람도 있다. 그러나 자기소개가 1분 이상 지속되면 아무도 듣지 않는다는 것을 명심해야 한다.

- 우리는 대개가 자기소개하는 법을 제대로 배워보지 못했다. 초등학교 때 자기소개라고 하면 "안녕하세요? 저는 6학년 3반 김철수입니다."
소속과 성명을 말하고 나면 더 이상 할 말이 없었다. 중학교, 고등학교에서도 자기소개를 어떻게 하는 것인지 배우지 못했다.

40대 과장, 부장이 돼서도 초등학교 수준을 능가하지 못하고 말 잘하는 사람은 좀 길게, 그렇지 못하면 '반갑습니다.'만 몇 번씩 되풀이 하다 끝나 버린다.

> **취업이나 입학을 위해 자기소개서 작성 주문서**
>
> 1. 나 자신을 알기 위하여 진지하게 생각하라.
> 2. 자기소개서 잘 쓰는 원칙을 숙지하라.
>   - 짧고 간단 명료하게 작성하라.
>   - 장점 속에 스토리를 입혀 소개하라.
>   - 본인의 단점이 장점이 되게 소개하라.
> 3. 지원한 회사나 학교에 대해 자세하게 파악하라.
> 4. 자기소개는 자기PR임을 명심해야 한다.

• 할당된 시간을 지키자.

식사를 겸하는 모임에서 자기소개를 하게 되는 경우 20명이 참석했다면 1분씩만 해도 20분이 걸린다. 1분씩을 지켜서 해도 중간과정이 있음을 감안하고 더러 초과하는 사람이 있으면 30분은 걸리게 마련이다.

음식이 나왔는데 마냥 기다리는 것은 고역이다. 할당된 시간을 초과하면 남의 시간을 빼앗는 무례를 범하게 된다.

• 자기소개는 길게 해도 문제지만 너무 짧아도 문제다. 어떤 사람은 소속과 성명만 밝히고 '좋은 시간되시기 바랍니다.'로 끝내버리는데 이는 내키지 않는 자리에 억지로 찾아온 사람 같은 무성의한 인상을 풍기게 되므로 좋지 않다.

- '대충 몇 마디하면 되지.' 하다가 망치는 경우가 많다. 1시간 강의라면 신경을 쓰다가 1분짜리 자기소개는 적당히 하려다 실수를 한다.

  흔히 자기소개 자리에서 자기를 빠트리고 이 모임에 왜 왔는지, 주최자와 어떤 관계인지, 다른 것은 다 챙기고 들어가서 "아참, 제 이름은 홍길동입니다." 라고 하는 경우도 더러 있다.

- "안녕하십니까? 저는 청주에 살고 있으면서 청주대학교에서 웃음치료 과정의 강사로 대한민국이 활짝 웃을 수 있도록 열심히 웃고 웃기고 있으면서 이번에 유머스피치 명강사과정을 진행하여 많은 분들에게 재미있게 강의하는 방법을 전해드리고 있는 나상길입니다."

- "안녕하십니까? 저는 지난 40년간 우리나라의 미래 환경을 보다 깨끗하게 개선하도록 만드는데 큰 역할을 담당하고 특별히 요즘 문제가 심각한 미세먼지 등 대기오염이 우리나라를 뒤덮고 있는 실정에서 이러한 문제점을 개선하기 위해 일하고 있는 미래 환경 연구소에 근무하고 있는 OOO입니다."

- "안녕하세요? 저는 도시 미관을 아름답게 조성하기 위해 지난해에 설립된 청주시 도시디자인 연구소에 근무하는 OOO입니

다. 도시의 미관은 균형있게 잘 조성된 건축물의 배치와 편리함과 안전과 미관을 함께하는 도로의 설치는 도시미관의 중요한 분야라고 생각하며 이 일을 위하여 최선을 다 하고자 합니다. 여러분들의 성원을 바랍니다."

형용사를 붙여 자기가 누구인지 알려주고 다음에는 지금 이 모임과 나와의 연관성을 에피소드나 유머를 섞어가며 이야기 하므로 사람들이 호기심을 유발하게 하고 마음의 문을 열게 해야 한다.

- 입사나 입학을 위하여 자기소개를 준비할 때는 너무 장황하게 준비하거나 무엇을 했고를 보고하기 보다는 반드시 스토리를 섞어가며 이러 이러하게 무엇을 했다고 명확하고 구체적인 사례를 이야기해야 면접관에게 어필되기가 쉽다.

- 마무리 멘트는 참석한 모든 사람들의 화합을 유도하는 말이 적당하다.
모임의 성격과 목적을 다시 한 번 상기시키고 '나도 일조하겠다.'
'우리 다 함께 만들어 나가자.' 같은 격려와 애정이 담긴 말로 마무리 하는 것이 좋다.

2. 입사 면접 시 많이 나오는 질문

질문유형	예 상 질 문	비고
지원한 기업에 대한 상세 질문	1. 우리 회사의 제품을 말해 보시오.	
	2. 우리 회사가 보유하고 있는 브랜드를 말해 보시오.	
	3. 오늘 우리 회사의 주식 시세는 얼마인가요?	
	4. 평소에 우리 회사 제품을 얼마나 사용하고 있나요?	
업무와 관련된 질문	5. 야근을 자주 할 수 있는데 잘 할 수 있는가?	
	6. 경험이 없는 직무도 잘 수행할 수 있나?	
	7. 학업 시 가장 관심이 있었던 과목은 무엇인가?	
입사 후 포부와 각오에 대한 질문	8. 입사 후 어느 정도의 직위까지 올라갈 수 있다고 생각하나?	
	9. 승진 시험에 대해 어떻게 생각하는가?	
	10. 약속과 야근 중 어떤 것을 택해야 하는가?	
	11. 상사와의 관계를 어떻게 잘 유지할 것인가?	
학창시절과 관련된 질문	12. 대학시절 어떤 알바를 했나?	
	13. 대학 등록금은 누가 마련하여 냈나?	
	14. 대학에서 OO과를 택한 이유는?	
	15. 술자리에서 술은 얼마나 마시는가?	
사회적인 상식	16. 경기침체를 극복하기 위하여 반드시 필요한 것은 무엇인가?	
	17. 대졸 초임의 삭감에 대해 어떻게 생각하는가?	
양자택일의 질문	18. 야근과 애인의 기념일 중 어느 것을 택할 것인가?	
	19. 고객과의 약속과 상사의 약속 중 어떤 것을 택해야 하나?	
	20. 친한 상사와 덜 친한 상사의 지시 중 어느 것을 먼저 수행해야 하는가?	

3. 즉석 스피치

- 즉석 스피치, 하면 공포가 떠오른다. 그만큼 갑자기 예고 없이 청중 앞에서 이야기를 한다는 것은 어려운 일이기 때문이다. 아무리 카리스마가 있고 용기가 있어도 대개의 사람들이 이런 제안을 받으면 손사래를 치면서 사양하거나 마지못해 수락하면 입맛이 확 달아 나는 경우가 흔하다.

- 준비 없이 나갔다가 생각이 안 나서 우물쭈물 '만나서 반갑습니다.' 만 몇 번 하다가 내려오는 경우도 흔히 볼 수 있다.
  하지만 누구나 살다보면 어디서 어떻게 마이크가 날아올지 모르는 상황에 처해 질 때가 많다.
  노래를 시키면 잘 하던 사람이 즉석 스피치는 겁내고 있다는 사실이다.

"즉석 스피치는 순발력이다", "아니다, 의지다."
"아니다. 이것도 연습이다."

4. 공적인 행사에서의 축사

일정한 지위에 오른 리더나 CEO들은 원하든 원치 않든 스피치를 해야 할 상황이 많다. 봉사단체 회장이거나 직능단체, 동창회 등에서 여러 직함을 가지고 있으면서 축사를 하거나 사회를 맡거나 하게 된다.

- 창립기념일 행사의 축사는 당연히 그 회사의 히스토리가 나와야 한다. 창립과정에서의 겪었던 어려웠던 일, 좌절과 성공에 대한 스토리가 들어가야 성의 있는 축사가 되고 감칠맛 나는 진심어린 축사가 된다.
  그러기 위해서는 사전에 그 회사의 설립배경과 성장과정을 어느 정도 파악해서 알아야 한다.

- 특히 국회의원이나 자치단체장 들이 자기 업적만 홍보하는데 바쁘고 꼭 해야 할 그 회사에 대한 연혁이나 창립배경들은 뒤로 하고 창립기념일 축사인지 준공식 축사인지 두루뭉술하게 넘어 가면 듣는 모든 하객들이 성의가 없음을 이미 알고 기분을 상하게 할 수도 있다.

- 하객을 소개할 때도 센스가 있어야 한다. 윗분부터 순서대로 소개하는 것도 좋지만 "참석해 주신 모든 하객 여러분을 진심

으로 환영합니다." 라고 전체 하객에게 먼저 인사를 드리는 것이 예의인 것이다.

그 다음 주요 인사들을 소개할 때도 "우리 청주시민을 대표한 OOO시장님 참석하셨습니다." "OOO국회의원님 참석해 주셨습니다." 보다는 "우리 회장님과 좋은 인연을 맺으며 청주시민들의 행복을 위하여 불철주야 수고하시는 OOO시장님이 참석하셨습니다."

"이번에 고생 끝에 청주시의 노인 전문회관 건립자금을 국회로부터 지원받게 해 주신 OOO국회의원님께서 참석해 주셨습니다." 라고 말하면 어떤 사람이 왔는지 그 사람 홍보도 되고 당사자도 좋게 된다.

- 축사에도 에피소드는 필수적이다. 옛날 배가 고파 나물죽 먹던 이야기, 수제비국 멀건 이야기, 푸세식 화장실의 애환, 잠을 못 자며 아르바이트하며 돈 벌던 일, 순수한 경험에서 나오는 에피소드를 활용하면 그 이야기 속으로 청중이 빠져들게 마련이다.

제13강 상황별 스피치 215

- 축사에서는 무엇보다도 청중과 공감대를 만드는 것이 중요하다. 또한 공감대 못지않게 중요한 것은 주최자를 파악하고 그를 존경하며 축하의 메시지를 맛깔나게 전하는 것이다.

  강연은 청중 전체를 위한 것이지만 축사는 주최자 한 사람을 위한 맞춤형이므로 강연과 축사는 다름을 알아야 한다.

5. 멋진 건배사

- 회식자리에서 갑자기 건배사를 제의 받고 무엇을 어떻게 해야 할지 걱정이 앞서는 경우도 많다.

  대개의 경우 '여러분들의 건강을 위하여!' 라고 하는데 더러는 '고도리'(고통과 도전을 즐기는 리더가 되자.) '진달래'(진하고 달콤한 내일을 위하여.) '변사또'(변치 말고 사랑하며 또 만나자.) 등 내용을 축약한 말들이 무수하게 많다.

- 아내가 시인으로서의 변신을 축하하는 건배사

  "오늘 제 아내의 시집 발간을 축하해 주시기 위하여 참석하신 여러분께 진심으로 감사의 인사를 드립니다. 저는 40여년을 저의 내조자로 살아온 아내를 무척 사랑합니다.

  그러나 지금 이 시간은 죄송한 말씀이지만 저에게는 사랑하는 한 여인이 따로 있습니다."

이 소리를 들은 청중과 부인 모두가 깜짝 놀라서 얼굴이 하얘졌다.

"그 사람은 40여년을 저를 뒷바라지한 아내가 아닌 오늘 한 시인으로 탄생하는 시인 이영자입니다. 오늘 다시 태어난 시인 이영자를, 저를 사랑하고 후원해 주신 똑같은 마음으로 지켜봐 주시기 바랍니다. 제가 '이영자!'하고 부르면 다같이 '사랑해!'를 외쳐주십시오."

얼마나 좋은 아내를 위한 건배사인가? 아내는 감격의 눈물을 흘렸다.

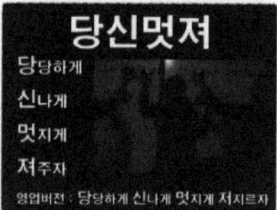

〈 건배사를 위한 주의사항 〉

1. 재미있는 낱말을 정하여 그 의미와 뜻을 붙인다.
2. 좋은 뜻을 가진 글귀를 정한 후 낱말의 첫 자를 모은다.
3. 건배사는 새롭고 의미 있고 요즘 유행하는 낱말을 참고한다.
4. 되도록 길지 않게 분위기에 어울리는 말로 연결한다. 남을 비하하는 말, 여성이 수치심을 느낄 수 있는 성적인 말을 삼간다.
5. 그날의 모임의 의미를 살리는 건배사가 바람직하다.
7. 멋진 건배로 모임이 시작되면 연합과 소통과 아름다운 인연이 함께하게 된다.

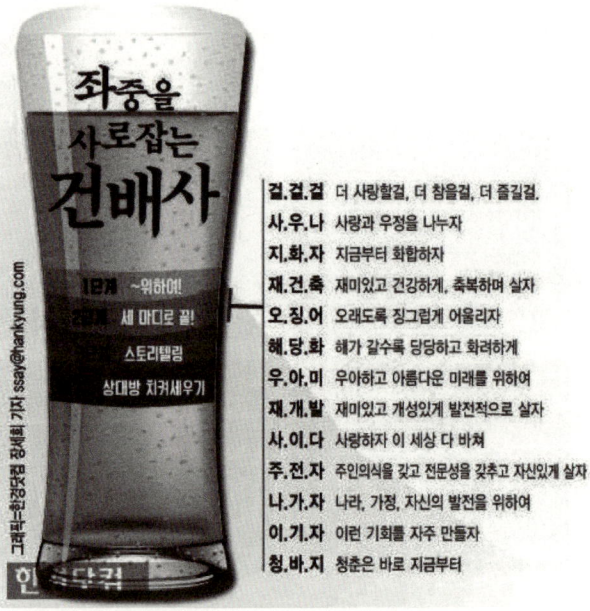

14강
각종 회의 진행요령

**성공한 명강사를
꿈꾸는 비결**

14강 각종 회의 진행요령

1. 회의 진행요령

○ 회의규칙의 정의

회의규칙이란, 회의의 수속법(절차법) 으로서 의장의 지도하에 총회나 위원회에서 그 구성원들이 의사결정 및 회의의 목적달성을 위해 의사를 민주적이고 질서 있고 공정하며 신속하거 원활히 진행시키기 위하여 지켜야 할 규칙이다.

○ 회의규칙의 목적

- 대표자나 위원들이 자유롭게 토의에 참석하여 혼란이나 지체함이 없이 원활하고 공정한 진행을 돕는다.
- 많은 의견이나 선택사항 중에서 가장 좋은, 바람직한 합의점을

도출하도록 만든다.
- 한 사람이나 한 집단이 회의를 지배하지 못하도록 한다.
- 의장과 참석자들을 부당한 비판으로부터 보호한다.
- 결의된 사항은 구성원 모두가 책임진다.
  (내가 반대한 의견이라도 결의되었으면 존중한다.)
- 일사부재의(一事不再議)원칙에 의해 한 번 상정되어 부결된 안건은 동일회기 내에는 다시 상정하지 않는다.
  (이 규정은 국회에서 만든 규정으로 변칙을 만들어 다시 상정하는 것을 방지하기 위함이다.)

○ **기본원칙과 가치기준**

1. 다수결 원칙
2. 일시일사(一時一事) 원칙의 준수
3. 자유로운 토의
4. 구성원의 평등성과 소수의 권리 존중
   (모든 회의는 참여자의 상하 구분이 없이 모두의 의견을 존중해야 한다. 그러나 상하의 예의는 엄격히 지켜져야 한다.)
5. 공정, 신의, 질서의 원칙
6. 결의사항에 복종

○ **토론**

  1. 의장에게 발언권을 얻어야 발언할 수 있다.

  2. 현재 상정된 주제에 관련된 발언만 허용한다.

  3. 토론의 제한 (능률과 시간 관계상)

     2/3 이상의 찬성 결의에 의하여 제한을 결의할 수 있다.

  4. 토론의 종결 - 의장의 판단에 의거 즉시채결 요청 동의

○ **채결**

  1. 표결의 방법

    - 구두표결

    - 거수표결

    - 기립표결

    - 점호표결

    - 투표

    - 묵락(默諾)

    - 갈채

  2. 다수결 50+ 다수 혹은 과반수

  3. 다수결 산정의 근거

    - 법정원수

- 현재원수 = 법정원수-결원-휴지회원
- 출석 구성원수
- 정족수
- 투표 총수, 기권이나 무효표 제외
 (헌장이나 정관에 명시되지 않은 경우 이 조항을 채택)

4. 비교 다수결

세 명 이상이 출마한 경우 다수 득표자가 당선되며 과반수 득점을 못하면 2차 투표하는 것을 정관에 명시할 수도 있다.

5. 가부 동수

가부 동수는 부결이며 의장은 일반적으로 투표에 불참하나 비밀 투표나 가부 동수를 깨기 위해서는 참여할 수 있다.

○ 동의 (動議)

1. 주동의 (主動議) Main Motions
   - 주동의의 목적은 의안을 소개하고 결의안을 제안하는 것이다.
   - 결의권이 있는 대표자나 위원만이 동의나 발언을 할 수 있다.
   - 반드시 재청이 필요하고 다수결에 의해 개정될 수 있다.(개의)
   - 하나의 동의가 심의되는 동안에 특권동의나 보조동의 외에 다른 동의는 성립되지 못한다.
   - 부수동의 (의사진행에 관한 이의, 안건분할, 동의철회, 또는 수정)가 부동수일 경우는 부결된 것이다.

2. 특권동의 (特權動議) Privileged Motions
   특권동의는 대표자나 위원 전체나 개개인이 총회나 회의에 관련하여 가지는 권리로서 토론의 대상이 아니며 보류나 연기나 위원회에 회부할 수 없다. 본 규칙에는 세 가지의 특권동의를 인정한다.
   - 다음 회의 일시를 정하는 동의
   - 폐회나 휴식을 요청하는 동의
   · 재청이 필요하고 토론할 수 없다. 그러나 회장이나 서기가

사무에 관한 정보를 제공할 수 있다.
　· 개의할 수 없다.
　- 긴급 제안 동의
　· 긴급 제안은 사무의 내용이나 기다릴 수 없는 절차에 관하여 의장이나 위원들의 주의를 환기시키는데 사용한다.
　· 총회나 회의의 조직에 관한사항, 대표자나 위원들의 품행과 편리에 관한 사항.

3. 보조동의 (補助動議)

　주동의에 적용되므로 주동의가 처리되기 전에 필요하기 때문에 주동의보다 이것이 우선한다. 그러나 특권동의가 보조동의보다 우선한다.
　- 심의 보류동의
　　동의되어 심의중인 안건을 차후로 고려하여 심의하도록 연기할 때,
　- 채결 요청동의
　　현재 심의되고 있는 안건의 동의나 개의의 토론을 중지하고 즉각 채결하기를 요청할 때 2/3의 찬성으로 가결한다.
　- 위원회 회부동의
　　이 동의의 목적은 안건을 위원회에 회부하기 위함이다.
　- 개의나 수정동의

본 안건과 밀접하게 관련이 있는 안건으로 주동의를 변경하거나 수정하는 것이다.

- 무기 연기동의

이 동의의 목적은 주동의를 억압하기 위함으로 재청이 있어야 하고 무기연기의 타당성에 대하여 충분한 토론이 있어야 한다.

- 토론시간 제한 (연장) 동의

개인의 발언시간이나 총 토의 시간을 제한, 또는 연장하자는 것이다.

4. 부수동의 (附隨動議)

부수동의는 주동의에 부수적인 사항을 다루는 것이므로 주동의보다 먼저 결정되어야 한다. 본 규칙은 다음의 네 가지 부수동의를 인정한다.

① 의사진행에 관한 이의

이 동의의 목적은 의장이 의사 진행에 관하여 내린 결정에 대하여 이의를 제기하거나 또는 그 결정권을 대표자들이나 위원들에게 부여함으로 의장이 곤란한 결정을 내리지 않도록 하기 위함이다.

이 동의는 재청이 필요하고 토론을 할 수 있다.

② 동의 철회 혹은 수정동의

의장이 동의된 안을 재청 받아 정식의안으로 상정되기 전까지는 동의안은 동의자가 철회나 수정할 수 있다. 그러나 의장이 정식으로 상정을 선언한 후에는 동의자가 상정된 의안을 철회 또는 수정할 경우 회의체의 승낙을 얻어야 한다.

③ 재심의 요청동의

결의된 의안이 잘못된 결정일 때 이것을 바로잡기 위한 동의이며 결의한 후에 새로운 사실이 발견되었거나 정보가 입수되어 형세가 변경되므로 이를 바로잡는 경우에 필요하다.
이 동의는 재청이 필요하고 토의할 수 없는 내용이 아니면 토의할 수 있다.

④ 이전 결의사항 취소 혹은 수정동의

취소동의는 이전에 결의된 사항이 잘못되었을 경우 취소 또는 무효화하기 위함이며 수정동의는 결의된 내용의 일부를 수정하는 것이다.
이 동의는 재청이 필요하고 수정동의의 경우에만 개의할 수 있다.
이미 결의된 안건이 토의가 필요 없는 경우가 아니라면 토의할 수 있다.

○ 회의 진행시 주의사항

- 회의 시작 전
    - 회의 진행의 목적을 정확히 하라.
    - 회의로부터 얻어지는 기대 효과를 결정하라.
    - 시작 시간과 마치는 시간, 장소, 참석인원을 미리 설정한다.
    - 회의 장소에 미리 방문하여 준비사항을 챙긴다.

- 회의 시작 후
    - 참석자가 다 오지 않았어도 정시에 시작하라.
    - 회의의 목적과 기대하는 결과를 미리 밝히라.
    - 프레젠테이션, 휴식 등에 대한 규칙을 미리 설명하라.
    - 명확한 시간 제한을 두라.

- 회의 도중
    - 회의의 노선을 지켜라.
    - 한 사람이나 소수가 회의를 지배하는 것을 금하라.
    - 회의가 교착상태에 빠지지 않도록 진척에 신경을 쓰라.
    - 참석자들의 에너지 수준을 위해 휴식시간을 활용하라.

- 회의의 끝 무렵
    - 중요한 포인트를 재검토하라.

- 다음 회의 일자와 장소를 정한다.
- 회의 내용을 평가하고 예정된 시간에 끝내라.

• 회의 이후에
- 회의 기록사항을 준비하여 배포한다.
- 다음 회의를 위하여 계획하고 준비한다.

2. 각종 단체의 선거요령

선거는 회장 또는 임원들을 회원들의 요구에 부응하는 사람을 공정하게 선출하도록 하기 위하여 각 단체마다 선거관리 규정을 두는 게 좋다.

○ 선거관리위원회
• 원활한 선거진행을 위하여 선거관리위원회와 위원장을 둘 수

있다.

그 숫자는 홀수가 되도록 한다.
- 사정상 선거관리위원회 구성이 어려운 경우 임시의장을 선출하여 선거의 진행을 돕도록 한다.

○ 등록고지
- 선거를 시행하기 늦어도 20일 이전에 등록고시를 하여 총회 전 10일 정도에는 등록을 마치도록 하여야 한다. 부득이한 경우는 호천에 의하여 후보를 결정할 수 있다.

○ 선거운동의 한계와 선거비용
- 과열과 혼탁된 선거를 방지하기 위하여 선거운동과 선거비용의 한계를 선거관리위원회에서 미리 정한다.

○ 선거방법
- 직접 비밀투표와 전형위원제 선출의 두 가지를 대체적으로 택한다.
- 선거방법은 선거관리위원회의 결정에 의하여 행하지 않고 대체적으로 회원들의 선택에 의하여 결정한다.

- 전형위원제는 회원들 개개인이 투표에 직접 참가할 수 없는 단

점이 있으나 전형위원들이 심사숙고할 수 있는 장점이 있다. 이 경우 전형위원들이 선출해서 제안된 후보를 회원 전체의 찬반 결정으로 당선이 확정된다.

• 직접 비밀투표로 할 경우 회원 전체가 투표에 참여할 수 있다는 장점이 있으나 자칫 뒷거래나 부정한 심리가 작동하여 적법하지 못한 사람의 당선을 돕는 경우도 있다.

• 득표수가 동점일 경우 대체적으로 연장자의 당선으로 한다.
• 단일 후보일 경우 회원들의 찬반 결의에 의하여 당선이 결정된다.
• 당선이 확정되면 선거관리위원장 (또는 임시의장)은 당선증을 수여하고 당선소감을 발표한다. 이것으로 선거관리위원장의 소임은 끝나고 선거의 뒷마무리를 한다.

3. 회의 진행 사례

의 장 : 청주시 상당구110번지 소재 대지 120평의 부동산의 매매에 대한 건을 본회의에 상정합니다. (의사봉을 3번 친다.) 이 안건에 대하여 회원 여러분의 제안을 받겠습니다.

A위원 : 의장! 발언하겠습니다.
의 장 : 예, A위원 말씀하십시오.
A위원 : 상정된 대지에 대하여 현재 거래되고 있는 부동산 가격에 적합한 가격에 절충된다면 매매하는 것이 좋다고 생각합니다.

의 장 : 다른 의견이 있으시면 제안해 주시기 바랍니다.
B위원 : 의장! 다른 의견이 있습니다.
의 장 : 예, B위원 말씀하십시오.

B위원 : 현재 부동산 가격이 안정되지 않아 계속 하락하고 있는 실정이므로 매매에 대한 것은 철회하고 적당한 시기가 되면 다시 논의하는 것이 옳다고 생각합니다.

의 장 : 두 가지 다른 제안이 나왔습니다. 또 다른 제안이 있으면 말씀하시기 바랍니다.

(약 5초 정도 여유를 갖는다.)

다른 제안이 없으시면 회의법에 의하여 나중 나온 제안부터 먼저 심의하겠습니다. 제안된 매매를 철회하자는 제안에 동의하시는 분 계십니까? (이때 동의하는 사람이 2명 이상이면 재청까지 나온 것으로 간주하고 동의하는 사람이 없으면 이 제안은 자동으로 취소된다.)

의 장 : 동의와 재청이 다 나왔으므로 이 제안에 대하여 보충발언이 있으시면 발언해 주시기 바랍니다. (충분한 시간을 두고 이 제안에 대한 설명을 듣는다.)

의 장 : B위원에 대한 보충설명을 이제 마치고 먼저 제안된 A위원의 매매 찬성에 대하여 누가 동의하십니까? (이 때도 동의자가 한 명일 경우에는 재청을 묻고 동의와 재청이 다 이루어졌으면) 동의와 재청이 다 이루어졌으므로 이 제안에 대하여 말씀하실 분은 말씀하시기 바랍니다.
(이때도 충분한 시간을 두고 이 제안에 대한 찬성발언을 듣는다.)

적당한 시간이 되어 표결할 시간이 됐다 싶을 때 표결한다. 비밀을 요구하는 사항일 경우 비밀투표로 하지만 이러한 안건은 대부분 거수로 결정한다.

의 장 : 이제 찬반의견을 충분히 들었다고 생각합니다. 표결에 들어가도록 하겠습니다. B위원의 매매반대 의사에 찬성하시는 분은 거수로 표해 주십시오. (이때 총무나 진행요원들은 숫자를 파악한다.)
먼저 제안된 A위원의 매매하자는 제안에 대해 찬성하시는 분은 거수로 표해 주십시오. (총무나 진행요원들은 파악된 숫자를 의장에게 보고한다.)

의 장 : 본 안건 청주시 상당구 110번지 소재 대지 120평의 부동산 매매에 대한 안건은 여러분들의 표결결과 찬성36표 반대15표로 찬성 결의되었습니다. (의사봉을 세 번 친다.)

의 장 : 다음 안건은 결의된 부동산 매매에 필요한 위원을 선정하도록 하겠습니다.

- 계 속 -